L'ABONDANCE FRUGALE

Jean-Baptiste de Foucauld

L'ABONDANCE FRUGALE

Pour une nouvelle solidarité

Odile Jacob

15, RUE SOUFFLOT, 75005 PARIS

ISBN : 978-2-7381-2447-0

www.odilejacob.fr

« Les hommes veulent tout avoir, et ils se rendent malheureux par le désir du superflu ; s'ils voulaient vivre simplement et se contenter de satisfaire leurs vrais besoins, on verrait partout l'abondance, la joie, la paix et l'union. »

Fénelon, *Les Aventures de Télémaque*,
Livre V.

Avertissement au lecteur

Cette notion d'abondance frugale, nous l'avons pour la première fois évoquée en 1980 dans *La Révolution du temps choisi* [1], ouvrage collectif du club Échange et Projets, fondé par Jacques Delors en 1973.

À l'époque, dans le chapitre intitulé « Valeur du temps, temps des valeurs », nous écrivions ceci : « L'élément nouveau qui ressort de l'analyse économique aujourd'hui est que, devant une telle accumulation de contraintes, nous n'avons le choix qu'entre une austérité subie et fondamentalement inégalitaire, et une frugalité assumée en commun. Pas n'importe quelle frugalité, en effet, et ne nous méprenons pas : car il s'agit de persuader et de partager, non de contraindre. Le temps, justement, est le moyen d'introduire à cette frugalité en même temps qu'il la fait ressentir non comme un appauvrissement, mais comme un enrichissement. En incitant à choisir plus de liberté et d'authenticité, et un peu moins de biens matériels, l'autorégulation du temps nous met sur la voie de cette "consommation élargie"

1. Échange et Projets, *La Révolution du temps choisi*, Albin Michel, 1980.

qui, sous le jargon des économistes, suggère les contours d'un projet de société.

« S'il faut oser un concept pour définir ce rééquilibrage de nos valeurs et de nos comportements autour d'un emploi du temps plus permissif, c'est celui d'abondance frugale qui serait le plus expressif... Ne nous méprenons pas sur les mots : il ne s'agit évidemment pas de généraliser la pauvreté. Mais bien au contraire de mettre un peu plus d'abondance là où il y a misère (en revenus... ou en temps), et plus de frugalité là où il y a excès de richesse. Pas question de renoncer à l'abondance, mais à condition d'en convertir le sens. Impossible d'échapper à une certaine frugalité, mais il ne s'agirait pas d'un appauvrissement, car ce dont nous serions privés procure des satisfactions de plus en plus marginales. Il s'agit de trouver un équilibre nouveau entre le stoïcisme qui fonde et rend possible l'effort, et l'épicurisme qui en constitue la récompense. Mettre un peu moins d'ardeur dans notre activité productive sans cependant renoncer à la productivité – en un mot remettre en cause le productivisme, mais pas l'innovation – et plus de rigueur dans notre consommation. Mettre plus de nous-mêmes dans nos activités et moins de passivité dans cette absence d'activité que l'on appelle loisir. À bien y regarder, c'est d'un retour aux sources qu'il s'agit : le stoïcisme visait la communion avec le monde et Épicure était frugal. »

J'ai tenté de poursuivre cette réflexion, plus de vingt ans après, en 2002, dans *Les 3 Cultures du développement humain*. Un chapitre entier « Abondance solidaire, abondance frugale » était consacré à cette thématique, dont la mise en œuvre implique de recourir conjointement à ces trois cultures différentes, par certains côtés opposées et pourtant complémentaires, que sont la *résistance*, la *régulation* et l'*utopie*.

La crise actuelle donne à l'évidence une plus grande actualité à ces réflexions qui ne sont plus disponibles dans le commerce, alors qu'elles pourraient être mieux entendues aujourd'hui.

Les idées sont longues à cheminer, surtout lorsqu'elles ne sont pas portées par un rapport de forces ou par l'éclat médiatique. Notre société entend mal les signaux faibles et les voix douces, à son détriment. La pensée borgne monopolise l'attention. Or la réalité est ambivalente, contradictoire, et il est vain de fuir la discorde en oubliant la nécessité. Celle-ci finit toujours par triompher. *Une conception fallacieuse de l'abondance s'écroule et le principe de frugalité va s'imposer.* Mais c'est pour trouver d'autres formes de solidarité, de créativité, de développement, et finalement d'abondance, d'abondance élargie. Abondance et frugalité, désormais, vont cheminer ensemble et s'étayer l'une l'autre. Comme c'est déjà le cas d'ailleurs pour beaucoup, par choix personnel, par sens de la mesure ou plus prosaïquement sous la contrainte des privations. Mais ces deux orientations vont se conjuguer de manière plus consciente, plus lucide, plus organisée, plus efficace. Ces deux principes font partie des *check and balance* de la société de demain. Mais ceux-ci, au lieu d'être, comme aujourd'hui, purement institutionnels et extérieurs aux personnes, traverseront chacun et chacune d'entre nous, à titre d'appel à une sagesse individuelle et collective. *L'abondance frugale et solidaire est le moyen de remettre l'économie à sa place, c'est-à-dire de la mettre au service du développement personnel de chacun, solidaire du développement de tous et de la société dans son ensemble.*

C'est pourquoi il a paru utile de poursuivre ce travail engagé de longue haleine, d'abord en cherchant de nouveaux motifs d'agir en ce sens compte tenu des leçons que nous pouvons tirer de la crise actuelle, ensuite en approfondissant les moyens qui permettent de donner corps à cette politique de l'abondance frugale devenue incontournable [2].

Le présent ouvrage ne prétend pas épuiser tous les ressorts de cette politique. Il part de la crise, telle qu'elle peut être analysée dans la France de 2010. Suivent trois chapitres de portée générale : sur les besoins humains fondamentaux qu'une vision trop étroite de l'économie tend à faire oublier, sur la notion d'abondance frugale elle-même, qu'il faut préserver de toute équivoque, et sur les trois cultures différentes et complémentaires qu'il faut conjuguer pour la mettre en œuvre, comme d'ailleurs pour tout grand projet humain : la résistance, la régulation et l'utopie. Les quatre derniers chapitres se veulent opérationnels : ce sont des propositions pour civiliser le capitalisme, gouverner dans la France d'aujourd'hui et redonner de l'élan à notre société.

Le fer de lance de cette politique d'abondance frugale, c'est le plein-emploi de qualité, à temps choisi, avec une bonne protection sociale et un environnement hospitalier.

Plein-emploi : plus personne n'y croit plus chez nous, c'est une bonne partie du problème. Je suis pourtant convaincu qu'*il existe une voie française de retour à un plein-emploi de qualité*, une fois effacés les effets conjoncturels de la crise récente, à condition de le vouloir vraiment et de s'en donner la peine, d'en faire une priorité effective fondée sur un choix de modèle cohérent. Sans assurer à chacun le droit au travail qui lui est dû, comment imaginer une société juste ?

Temps choisi : notre société va trop vite, elle est devenue « mouvement général vers plus de mouvement [3] », elle en

---

2. Les chapitres 1, 2, 3 et 7 ont déjà été publiés en 2002 dans *Les 3 Cultures du développement humain. Résistance, régulation, utopie*, Odile Jacob, 2002.

3. Peter Sloterdijk, *La Mobilisation infinie*, Seuil, collection « Essais », 2003, p. 53.

souffre. *La réappropriation du temps par chacun et par tous, individuelle et collective donc, est tout aussi vitale que la maîtrise du changement climatique.* Elle constitue l'un des fils rouges de ce livre. C'est une question éminemment politique qui doit revenir dans le débat public. *Le temps choisi est le levier du changement et de la transition vers une sobriété heureuse et créative et vers une nature écologiquement préservée.* À condition qu'il s'insère dans une sécurisation des parcours socialement organisée et dans un plein-emploi retrouvé, tant les deux sont liés. C'est à ce prix qu'il cessera ainsi d'être la victime collatérale de la précarité ou des 35 heures.

Ce livre aura atteint une partie de son but si la question du temps humain est reconsidérée par les hommes politiques, les responsables d'entreprise et les acteurs syndicaux, s'ils en font un sujet de débat et s'ils cessent d'être tétanisés par lui.

CHAPITRE 1

Plus qu'une crise, une mutation

Ce que nous vivons depuis septembre 2008 est plus qu'une crise : c'est d'abord une rupture ; c'est sûrement une mutation ; ce peut être, comme l'espère Edgar Morin, une métamorphose.

Le choc est analogue, en plus fort encore, à celui que les économies européenne et mondiale ont connu en 1973 avec la première grande hausse des prix du pétrole. Une fois ce choc absorbé, les choses n'ont plus jamais été comme avant, un autre mode de croissance s'est mis en place. Il en sera de même cette fois-ci.

En 1973, nous avons pris conscience de la puissance montante de la mondialisation et des rapports de forces favorables aux pays producteurs de pétrole ; la rareté croissante et menaçante des ressources fossiles et des matières premières, annoncée par le Club de Rome, s'est brutalement révélée. Le plein-emploi quasi automatique, qui avait caractérisé l'essor de la société industrielle et urbaine d'après guerre et qui avait permis l'essor simultané de la consommation privée et de l'État providence, a disparu de la scène.

Aucun de ces trois problèmes n'a été résolu. D'autres sont venus s'y ajouter : arrivée massive de nouveaux partenaires-concurrents au festin de la mondialisation (les fameux BRIC : Brésil, Russie, Inde, Chine) ; intensification des menaces climatiques qui renvoient à des mesures difficiles ; mais aussi crise du sens et du lien social, sur fond de montée des exclusions et des inégalités. La crise, peu à peu, est devenue systémique, et cette caractéristique est apparue d'un coup avec la crise financière de 2007, puis 2008, et sa répercussion brutale sur l'économie. L'humanité s'est mise elle-même en danger. Les forces de renouveau, qui existent évidemment, sauront-elles s'imposer, alors qu'il n'y a plus d'idéologies de remplacement, pas de plan d'ensemble, peu de repères clairs et mobilisateurs ? Contribuer à combler ces lacunes, tel est l'objet des réflexions qui suivent. Elles portent principalement sur la France, mais sont transposables, avec les nuances nécessaires, aux autres pays de l'Union européenne et plus généralement aux pays développés.

Commençons par un inventaire des questions à résoudre.

Une crise systémique qui vient de loin

Nous sommes confrontés simultanément à cinq crises :

• Une *crise du sens* aux multiples dimensions, à la fois individuelle et collective, due à la perte de légitimité des grands systèmes symboliques qui s'efforcent de donner signification à l'existence humaine, qui élèvent l'horizon de l'individu et aident la personne à se construire. Privé de repères, l'individu n'a plus pour référence que lui-même et ses satisfactions, tandis que la démocratie, privée des projets utopiques qui l'aidaient à se concrétiser et à nourrir sa dimension transcendantale (l'égale dignité de chacun, condition de l'exercice partagé de la souveraineté), manquant souvent de citoyens généreux et dévoués, se replie sur ses automatismes et ses procédures, laissant ainsi place à l'agitation brouillonne des médias aux dépens de la politique au sens noble du terme. À bien y regarder, il y a bien un sens commun dans nos sociétés, un sens aussi évident que l'air qu'on y respire, c'est le développement économique lui-même, autour duquel tout, en somme, s'organise. Sens partiel évidemment, mais qui légitime son autosuffisance et sa domination par son intention de desserrer les contraintes de la nécessité et d'ouvrir pour chacun des capacités accrues de choix et donc de sens, le laissant libre d'en faire ou non bon usage. Mais cette privatisation du sens ne règle rien. Il y a longtemps, d'abord, que ces espaces de sens individuels ont été investis et captés par les forces symboliques et physiques de la production et de la consommation, elles-mêmes dominées par la volonté de puissance et d'argent. Et, surtout, que devient ce sens donné par l'économie quand celle-ci ne tient plus ses promesses, quand elle se heurte aux limites physiques de la planète, quand elle ne profite plus également à tous et beaucoup trop à certains, quand elle entre elle-même, du moins dans les pays riches, dans la zone des rendements décroissants ? L'économie ne peut plus tenir lieu de sens. On lui demande trop. Les démocraties doivent reprendre la main et organiser le travail individuel et collectif sur le sens. L'organisation de la liberté, de l'égalité et de la fraternité suppose de débattre de manière plurielle sur le sens pour en relever le niveau. D'ailleurs, c'est en retravaillant sur le sens que les démocraties retrouveront le sens de l'économie, puisque c'est en faisant l'économie du sens qu'elles l'ont perdu.

• Une *crise sociale*, elle aussi à multiples facettes. Le lien social s'est distendu au moment même où les possibilités de contacts s'accroissaient considérablement grâce aux nouvelles technologies. On est passé trop vite d'une situation où l'on était obligé de vivre avec des personnes avec qui l'on ne s'entendait plus à une situation où l'insatisfaction, parfois même mineure, n'est plus tolérée et justifie rupture et éloignement. Les forts, ceux qui ont réussi, qui sont de contact agréable ou gratifiant pour les autres, se trouvent avantagés, car ils gagnent sur tous les tableaux à la fois ; du coup, ils perçoivent mal combien les personnes fragiles, vulnérables ou rugueuses dans les relations, sont peu soutenues par la société et donc davantage exposées au risque d'exclusion, ce mal particulier des sociétés modernes. Ce risque, l'État providence peut tenter de le compenser. Mais il ne peut pas l'assurer comme les autres risques sociaux : il trouve ici ses limites. Et d'autant plus que le chômage, composante non exclusive mais essentielle, car multiplicatrice, de ce risque d'exclusion, est durablement élevé. C'est le cas en France. Rappelons les chiffres : le chômage au sens du BIT (le plus restrictif) a atteint près de 11 % en métropole en 1997 ; depuis, il n'est jamais redescendu au-dessous de 7,2 % ; à ce moment (1er trimestre 2008), il y avait 2 millions de personnes qui n'avaient aucun travail et en cherchaient activement, 600 000 qui souhaitaient travailler, mais ne cherchaient pas ou plus d'emploi car elles se disaient découragées et ne croyaient pas à leur chance d'en retrouver un, et enfin 1,2 million qui travaillaient à temps partiel contre leur gré et se trouvaient donc en situation de sous-emploi. Soit au total 3,8 millions de personnes souffrant sous une forme ou sous une autre d'insuffisance de travail ; encore faut-il ajouter que la durée du chômage est en France élevée : 14 mois en moyenne, ce qui aggrave le phénomène. Un an après, ce chiffre s'élève à 4,8 millions de personnes, en hausse de près de 25 %. Contrairement à beaucoup d'autres pays, le nôtre n'a pas su prendre à bras-le-corps le problème du chômage moderne ; il n'a pas su inventer sa réponse cohérente. De ce fait, il est en crise sociale permanente depuis le premier choc pétrolier, et il s'y est malheureusement habitué. C'est que le chômage de masse et de longue durée tel que nous le connaissons est une forme de violence particulière, invisible, insidieuse, dépressive, qui ne provoque pas de réaction organisée. Le chômage délite les liens d'entourage, là où il faudrait les renforcer, il engendre la solitude, là où il faudrait de la solidarité, il incite à juger là où il faudrait aider. Et si cette violence contenue et enfermée dans l'intimité douloureuse des sujets n'explose pas dans l'espace public, c'est qu'elle a beaucoup de mal à s'organiser en force de proposition collective : qui, dans nos sociétés, représente les jeunes non étudiants et les chômeurs de longue durée que les syndicats n'ont su ni attirer ni retenir ? Il y a là un vide démocratique dont peu paraissent se soucier et auquel il faut trouver remède. À cela s'ajoute désormais un élément nouveau : à la crise du hors-travail s'ajoute avec une force croissante la crise dans le travail lui-même. Cette crise est due à la pression trop forte organisée sur les salariés pour faire face à une concurrence qui s'accroît avec une rentabilité qui doit sans cesse augmenter. La question sociale de l'exploitation fait retour ou s'exprime en termes nouveaux. Elle est en quelque sorte relancée par celle de l'exclusion. Exclusion et exploitation, bien que d'ordre différent, doivent être traitées ensemble. La question sociale se redouble. Elle pose la question du rythme du fonctionnement social : la déconnexion est devenue trop forte entre ceux qui sont sommés d'aller plus vite et ceux qui n'arrivent pas à savoir où aller ; dans les deux cas, les temps individuels ne sont plus synchrones avec les temps collectifs. Voilà un sujet difficile que le politique ne va pas pouvoir indéfiniment éluder.

• Une *crise écologique*, elle-même multidimensionnelle, caractérisée notamment par le décalage entre la conscience croissante d'un risque climatique de grande ampleur et les moyens encore limités, bien que croissants eux aussi, qui sont déployés pour y faire face. Ce livre n'a pas pour objet d'analyser les différents aspects de cette crise-là. Plutôt de voir les conséquences à en tirer, contraintes nouvelles auxquelles faire face et appel à faire autrement et à inventer de nouvelles formes de créativité. Comment la vie économique, la vie en société, les institutions sociales vont-elles s'adapter, se rénover, pour faire face à la nouvelle donne écologique, qui est la fois une menace et une opportunité pour vivre mieux ? Quelle sagesse économique et sociale va nous permettre de prendre appui sur les difficultés actuelles, non seulement pour les surmonter, mais pour requalifier le niveau de notre vivre ensemble démocratique endommagé, trouver un nouveau souffle et un nouvel élan ? Voilà la grande affaire de la politique de demain. Dans l'immédiat, les nécessités écologiques vont peser de manière de plus en plus forte sur l'économie et obliger celle-ci à évoluer autrement. Le contenu du développement va changer. Un risque de conflit entre besoins écologiques et demandes sociales va apparaître en pleine lumière et poser bien des problèmes ; en effet, les tâches de réparation environnementales vont mobiliser des ressources publiques et privées importantes qui ne seront pas disponibles pour faire face aux besoins sociaux ; la fameuse « croissance verte » va exiger d'importants investissements pour améliorer l'efficacité énergétique des bâtiments, pour rénover les réseaux de transport de l'électricité et de l'eau, pour dépolluer les sols, pour développer la forêt, pour éliminer les déchets, pour favoriser l'agriculture biologique : ils aideront à créer des emplois qui ne pourront pas être délocalisés, mais leur financement pèsera d'une manière ou d'une autre sur la consommation publique et privée. Comment alors éviter que les plus défavorisés, après avoir été les premiers affectés par les dérèglements écologiques, soient les premières victimes collatérales des mesures prises pour y mettre fin ? Au moment où la question sociale redouble, en mixant davantage encore exploitation et exclusion, le problème de la solidarité se diversifie, puisqu'il faut être non seulement solidaire de ses contemporains, mais aussi plus solidaire de la planète et des générations futures. Or la solidarité écologique pourrait se substituer peu à peu à la solidarité sociale ou entrer en concurrence avec elle. Ce risque se réalisera d'autant plus que l'on refusera d'en prendre conscience avec toutes les implications qui en résultent. À savoir que plus on agira sur les comportements pour sauver la planète, en internalisant les coûts de ce sauvetage et en les intériorisant dans l'intime de chacun, plus les ressources publiques resteront disponibles pour faire face aux besoins sociaux ; plus, à l'inverse, on monétisera la reconstruction environnementale, plus la compétition pour les ressources publiques rares sera intense. La solidarité ne sera donc plus seulement une question de mutualisation de ressources monétaires face aux risques, mais aussi de coopération individuelle et collective dans la mise en œuvre de comportements responsables. Beau programme... sur le papier ! Car c'est précisément ce que nous n'avons pas su faire face au chômage : plutôt que de trouver les attitudes responsables qui auraient peu à peu permis de le juguler, nous avons préféré payer (en argent) pour le chômage sans pour autant éviter de le faire payer (en nature) aux chômeurs. La nécessité de faire monter en gamme nos comportements de responsabilité devra donc porter pareillement sur le terrain écologique et sur le terrain social. Ce sont ainsi nos modes de vie, nos rapports mutuels, qui sont en cause : pour préserver ou garantir l'équité générationnelle et intergénérationnelle de notre niveau de vie, il va falloir revoir notre mode de vie. Le principe d'abondance frugale et solidaire, déclinable à tous les niveaux, doit servir de clé pour sortir par le haut de ce dédale de contradictions.

• Dans ce contexte déjà compliqué, la *crise financière* est la goutte d'eau qui a fait déborder le vase ; bien qu'elle ait été précédée de signes avant-coureurs, sa soudaineté et son ampleur ont surpris, car peu l'avaient prévue sous cette forme, exception faite de quelques esprits éclairés et de ceux qui, depuis toujours, critiquent radicalement et mécaniquement la finance en tant que telle. Quelle sera la portée de sa double fonction pédagogique : elle a fait changer le comportement des États et redonné vie et puissance au volontarisme politique (mais jusqu'à quel point ?) ; elle a mis en pleine lumière, d'un coup, l'avant-garde de ces comportements qui se développent insidieusement, et de manière invisible, mais qui minent la société et qui doivent être proscrits (mais comment faire ?). Les leçons de la crise financière, cela vaut quelques développements particuliers (*cf. infra*).

• Quant à la *crise économique* enfantée par la crise financière, notons simplement qu'elle s'est traduite immédiatement par une accentuation des crises énumérées ci-dessus : nouveau brouillage du sens, accentuation de la crise sociale, report sur les générations futures de la dette accumulée pour assurer le sauvetage de la conjoncture présente. Aussi ne suffira-t-il pas de remettre en route la machine économique. Il faudra simultanément s'attaquer aux autres crises, crise du sens, crise sociale, crise écologique. Comme nous avons laissé trop longtemps ces déséquilibres saper les bases de la société, cela prendra du temps. D'autant plus que la nature, les modalités du changement à opérer ne sont pas formalisées, loin de là.

Revisiter le pacte faustien avec le marché

Comment résoudre simultanément ces cinq crises ? Nul ne le sait et il n'existe pas de modèle alternatif à disposition. Les points de vue sont divers, qu'il s'agisse des tenants de la décroissance, qui peut être globale ou sélective, de ceux qui prônent un au-delà du capitalisme distinct de ce qu'a été le communisme, de ceux qui, avec Immanuel Wallerstein, parient sur son effondrement sans pour autant définir ce qui le remplacerait, de ceux qui voient des signes d'espérance dans la promotion de l'économie sociale et solidaire, dans les changements des comportements et d'aspiration que l'on constate chez les jeunes générations ou dans les nouvelles couches sociales de « créatifs culturels ». De quels jalons disposons-nous ?

Convenons tout d'abord que l'économie de marché a un rôle important à jouer dans une société axée sur la liberté, pas seulement parce que c'est un bon mécanisme de coopération et d'allocation des ressources, mais surtout parce qu'elle suscite l'initiative et garantit la liberté du travail. Le problème est qu'elle n'assure pas correctement ce qu'elle promet et que l'égal accès à ces libertés n'est pas assuré à tous. Comment donc la démocratiser ? Quelle place lui assigner dans la société et quelle régulation lui imposer ? Est-ce la société qui est dans le marché, dépendante de lui, ou le marché qui est dans la société, maîtrisé par elle ? La distinction théorique entre économie de marché et société de marché est maintenant bien établie et fait consensus. Mais la ligne frontière est floue entre ce qui sépare l'une de l'autre.

Constatons ensuite que nous arrivons à un point de rupture du grand cycle de la modernité qui s'est ouvert à la

Renaissance. Patrick Viveret[1] exprime bien cela en disant que la question du salut fait retour : pendant longtemps, l'humanité a cherché son salut dans la religion et dans l'au-delà ; puis elle a découvert qu'elle pouvait par la division du travail et par l'économie de marché améliorer sa condition : l'économie du salut a laissé la place au salut par l'économie ; nous arrivons à une phase de renversement dialectique de ce long processus : ce salut, en raison même de sa réussite, risque de devenir peu à peu une menace pour l'humanité (le double péril nucléaire et climatique), tout en lui restant nécessaire (les pays en voie de développement). L'humanité doit donc inventer une nouvelle forme de salut, qui ne peut plus être exclusivement économique et implique une forme de sagesse (l'abondance frugale et solidaire en est une expression). Au-delà des épiphénomènes de la conjoncture et des politiques économiques, que devons-nous redécouvrir, qu'est-ce qui doit changer ?

Nous avons passé avec le marché le pacte que Faust a conclu avec Méphisto ; nous lui avons dit : « Fais-nous sortir de notre condition impossible et fais de nous ce que tu voudras. » « Simple, ne te préoccupe de rien », a répondu le Malin : « Sans cesse ton intérêt tu chercheras / Et de surcroît le reste tu obtiendras. » Puis nous avons fermé les yeux, et Prométhée s'est proposé pour renouer avec la promesse paradisiaque antique : « Vous serez tous comme des dieux. » Ce sont ces pactes faustien et prométhéen qui trouvent aujourd'hui leurs limites. Et c'est précisément cette notion de limites, face à l'hubris, qui est à redécouvrir.

Limites tout d'abord *de la nature* : on ne peut prélever sur elle indéfiniment sans nous mettre nous-mêmes en danger car nous sommes aussi les produits de la nature.

---

1. Notamment dans *Vers une sobriété heureuse, du bon usage de la fin des temps modernes*, leçons inaugurales du groupe ESA (www.groupe-esa.com).

Pour rester dans les images mythiques, percevons l'humanité pour ce qu'elle est devenue : une sorte de catoblépas, cet animal fabuleux qui dévorait ses propres pieds et n'en était averti que par la douleur que cela lui inspirait ! Prévenons la douleur, mettons fin à l'économie du catoblépas !

Limites corrélatives de cet *individualisme autoréférencé* que notre société a tendance à légitimer, produisant un individu qui ne doit de comptes à personne et risque de vivre essentiellement pour lui-même, cherchant à maximiser ses satisfactions selon la logique d'airain de l'*Homo oeconomicus* élargie aux différentes dimensions de la vie. Cette vision utilitariste dominante caricature la nature humaine, faite d'intérêt, certes, mais aussi de gratuité, faite d'aspiration à la liberté, évidemment, mais aussi d'obligations envers autrui. Elle mine le lien social en renvoyant le soin des faibles et des fragiles à un État providence de plus en plus débordé. Rétrécissant l'horizon de chacun à ses propres intérêts, elle sape en profondeur la citoyenneté, faite de dévouement à l'intérêt général. Enfin, elle apparaît de moins en moins vivable, car, face aux changements en cours, la maîtrise par chacun de sa vie sans le concours des autres, sans le soutien organisé de la société, devient de plus en plus difficile.

Limites enfin de ce que Stéphane Rozès appelle les *mécanismes de pilotage automatique du progrès*. Les procédures démocratiques, la concurrence et le marché, l'État providence, qui, au moment de leur mise en place, ont apporté beaucoup aux sociétés qui en ont bénéficié (et peuvent encore apporter gros à celles qui en sont privées) sont à la peine et ne suffisent plus à assurer la mise en œuvre effective des valeurs démocratiques. C'en est fait de la fabrication automatique du bien auquel rêvaient les thuriféraires de la « fin de l'histoire ». La poursuite par chacun de son propre intérêt, fût-il bien régulé, ne suffit pas à garantir l'épanouissement de tous. Les moyens, les procédés, les mécanismes, dans un premier temps, dédouanent les citoyens de la prise en charge directe des valeurs démocratiques et, dans un second temps, se substituent peu à peu aux finalités qu'ils sont censés servir, voire les contredisent. Inverser cette situation qui aboutit à un écart croissant entre les valeurs affichées et les résultats observés, c'est revenir aux finalités, en débattre et faire porter les valeurs qu'elles expriment par les citoyens eux-mêmes.

De la crise financière, faisons pédagogie

La « phynance », pour parler comme Alfred Jarry, s'est autonomisée par rapport au système productif, pesant sur lui de plus en plus lourdement. Ses dysfonctionnements ont beaucoup à nous apprendre. Mais il serait trop facile d'en faire le bouc émissaire de tous nos maux. La finance n'est pas un épiphénomène isolé. Elle est une composante de la société, une forme significative et signifiante, exprimant des valeurs, ou des non-valeurs, apparentes ou sous-jacentes, des désirs refoulés ou assumés. La crise financière est le symptôme avancé d'une société marquée par l'excès. Cet excès prend principalement trois formes.

L'oubli, tout d'abord, des règles de base d'une finance saine, règles de prudence forgées par l'expérience et la tradition, élaborées de crise en crise, soucieuses de stabilité, vigilantes quant à sa dangerosité potentielle dès qu'elle n'est plus contrôlée. Énumérons ces quelques règles qui ont été outrepassées : les professions qui prospectent ou manient l'argent doivent être réglementées (contrairement aux courtiers américains qui vendaient les fameux *subprimes*). Les marchés de l'argent doivent être organisés, compensant les transactions de manière transparente et validant les garanties des opérateurs. (Le flou du marché des « dérivés de crédit » destinés à assurer les mauvais risques contraste avec le bon fonctionnement des marchés officiels, malgré tous les chocs qu'ils ont subis.) Il ne faut prêter qu'à des personnes ayant une réelle capacité de rembourser, et on ne peut remplacer par une augmentation de rendement une solvabilité aléatoire fondée sur une hausse illimitée des actifs immobiliers ou boursiers. Les effets de levier (acheter plus qu'on ne possède en s'endettant ou vendre « à découvert » ce que l'on ne possède pas) doivent être gagés par des actifs réels. Enfin, on ne peut pas assurer de mauvais risques, car seuls les risques aléatoires sont assurables.

Pourquoi a-t-on transgressé ces règles de base ? Il y a eu la séduction d'une formidable créativité qui a donné l'impression que la finance pouvait trouver une solution à tout, qu'il n'y avait pas de contrainte qui ne puisse être surmontée par l'habileté et l'imagination. Une sorte d'optimisme illusoire s'est généralisé. Les innovations se sont produites sur des terrains nouveaux, ne relevant vraiment ni des banques, ni des Bourses, ni des assurances, terrains dont les régulateurs classiques étaient absents, chacun se renvoyant la balle.

Et surtout, on a fait, aux États-Unis, comme si la finance pouvait compenser l'insuffisance de redistribution et de justice sociale. Comment en effet la production peut-elle trouver des débouchés pour s'écouler si les bas salaires sont bloqués et si aucun mécanisme de redistribution ne vient aider sérieusement les personnes à survivre au chômage ou à se loger ? S'il n'y a ni salaire minimum indexé, ni prestations logement, ni HLM, comment favoriser la consommation des couches populaires, condition pour augmenter la production ? La solution a été trouvée dans l'endettement : prêter aux ménages modestes pour qu'ils achètent leur logement et garantir ces prêts par la hausse des prix de l'immobilier qui ne peut manquer de se produire si le phénomène est suffisamment massif... et puis se débarrasser au plus vite de ces prêts pour en refinancer de nouveaux. Tout cela marche tant que cela marche, c'est-à-dire tant que cela ne se retourne pas, ce qui a évidemment fini par se produire, conformément au vieux dicton des financiers avisés : les arbres ne montent jamais au ciel ! La faible capacité redistributrice du modèle social américain, en particulier dans le domaine du logement social, est une des causes premières et lointaines de la crise financière. Ce que la solidarité réalise chez nous avec les HLM, les prestations logement, le smic, on a demandé à la finance de le faire. On lui a demandé plus qu'elle ne pouvait. La finance, qui est toujours un pari sur l'avenir, et repose sur la confiance en un projet validé, ne peut se substituer aux transferts sociaux qui expriment l'effectivité de la solidarité. Il est intéressant d'ailleurs de noter que la redistribution, chassée par la porte du fait de l'individualisme autoréférencé, est revenue en force par la fenêtre avec l'appel aux États transformés en pompiers du sauvetage collectif. Retenons cette importante leçon : pour bien fonctionner, le marché a besoin d'une redistribution juste, se situant au niveau économiquement optimal, c'est-à-dire permettant de diffuser la production sans l'entraver, tout en assurant la protection sociale maximale.

Il y a plus. La crise financière est le symptôme avancé d'un excès de désir, désir du toujours plus, du toujours plus vite, du toujours plus rentable. Désir symbolisé par l'argent, en somme. On sait que l'argent est bon serviteur, mais mauvais maître. On a tendance à l'oublier. Ce n'est pas qu'une question morale. C'est une question économique et une question de société. Celle-ci engendre, plus que jamais, sous de multiples formes, nouvelles technologies aidant, des désirs multiples, alors que le surplus à distribuer chaque année, dans nos sociétés tertiaires, est, au mieux, de 2 à 3 %, soit deux à trois fois moins que dans la société de consommation des années 1960. Dans un tel contexte, l'excès de satisfaction des uns ne peut s'opérer qu'aux dépens de l'accès à l'essentiel des autres. Alors qu'il faut inventer un développement fondé sur une sobriété juste, créative et solidaire, la finance a fait l'inverse. Elle s'est acharnée à gagner plus sans s'occuper de produire plus. C'est tout cela qu'il faut changer.

Un écart croissant entre les désirs et les moyens de les satisfaire

Développons ce dernier point, car il constitue un élément clé des problèmes à résoudre. Nous ne sommes pas assez conscients de ce renversement de situation. Nous avons encore en tête la forte croissance des années 1960, où l'offre de biens et de services a été au-devant des désirs des agents économiques. C'est la situation inverse qui prévaut aujourd'hui : les désirs excèdent les possibilités de les assouvir.

Revenons un instant soixante ans en arrière. La France sort à peine de la guerre. La vie est difficile pour tous, la misère proche, la sobriété imposée, et chacun trouve naturel et normal que ses désirs ne puissent pas tous être satisfaits, mais seulement de manière très progressive. Pourtant, malgré un climat très conflictuel sur le plan idéologique, les bonnes surprises arrivent, les espoirs de mieux-être se réalisent. La protection sociale monte en puissance, le plein-emploi favorise la promotion sociale, des biens nouveaux peu répandus ou totalement inconnus jusqu'alors (pensons à la télévision) sont mis à disposition des ménages qui obtiennent peu à peu la capacité de les acheter. Les moyens de satisfaire les désirs ont précédé ceux-ci. Ils les ont même suscités ou provoqués, mais sans les frustrer puisqu'ils les comblaient dans le mouvement même où ils y répondaient ou les suscitaient. Il en est résulté que, peu à peu, la limitation du désir est apparue de moins en moins naturelle, de moins en moins normale ; et, inversement, la satisfaction du désir est devenue de plus en plus légitime et de plus en plus habituelle. C'est d'ailleurs ce processus qui est le ressort profond de la croissance.

Il faudrait écrire une histoire du désir, du désir en général, du désir économique en particulier, analyser comment il est réprimé, organisé, utilisé comme aiguillon. Mais, ce qui caractérise les cinquante dernières années, c'est un formidable processus autoaccéléré de légitimation du désir. Du désir lui-même puis, progressivement, de la satisfaction la plus immédiate possible de celui-ci.

Cette légitimation a pris trois formes successives, tour à tour mises à feu.

À la légitimation économique du désir, brisant le frein de la rareté, est venue s'ajouter sa légitimation morale issue des révolutions étudiantes de 1968. Celles-ci ont fait exploser ce qu'elles considéraient être la chape de plomb des interdits et ont enclenché le processus de permissivité qui a élargi les barrières morales et généralisé le droit au désir dans les relations interindividuelles. La troisième légitimation est d'ordre métaphysique et elle est due au progrès des sciences et de la technologie. Celui-ci permet au désir humain de se propulser bien au-delà de ce que la nature semblait permettre, particulièrement en matière de communication (avec le téléphone mobile et Internet, l'humanité s'est dotée elle-même d'un nouvel organe de contact et d'échange) et de biologie (santé, contraception, bioéthique).

Ces trois légitimations font bloc et s'entretiennent mutuellement. Tout y contribue. La société carbure au désir.

Celui-ci est alimenté par les progrès de la technologie, par la progression des standards de vie, par l'esprit de profit, par la publicité, par les médias et par le système politique lui-même. L'offre politique devient de plus en plus consumériste et peut s'analyser comme une offre de satisfaction du désir. C'est principalement sur ce plan-là que la compétition pour le pouvoir s'évalue désormais. Tout cela a été dénoncé dans les années 1960, mais est devenu réalité. Ce n'est d'ailleurs pas seulement le désir réel, mais le désir potentiel, et même le désir virtuel, qui est traqué de toute part, afin que toutes les chances de proposer une offre de satisfaction rentable soient saisies. Même le débat sur les droits humains est pris dans cet engrenage.

La satisfaction du désir étant devenue normale, symétriquement, c'est l'insatisfaction qui, désormais, choque. De ce retournement, nous sommes à peine conscients.

Soyons nets, cette légitimation générale n'est pas illégitime. Elle a plutôt réussi. Elle n'a pas à être remise en cause en tant que telle, ce qui peut être une tentation. Mais cette tentation réactionnaire, on l'évitera d'autant mieux que l'on prendra rapidement conscience, pour y mettre bon ordre, de ses trois limites : le processus n'est pas maîtrisé, il est anarchique. Il n'est pas piloté. Il aboutit de ce fait à confondre légitimation et illimitation. Or, précisément, cette illimitation se heurte à l'insuffisance des moyens disponibles.

Désormais, en effet, les moyens de satisfaire les désirs croissent moins vite que les désirs eux-mêmes, tout en stimulant sans cesse de nouveaux désirs. Il en résulte une situation sociale potentiellement explosive où coexistent :

• Le petit nombre de ceux qui, d'une manière ou d'une autre, ont les moyens d'acheter le maximum de satisfactions. Mais leur situation n'est pas généralisable, ni à l'intérieur des pays développés ni, par extension, à l'échelle de la planète.

• Ceux, à l'autre bout, qui souffrent de chômage, de sous-emploi, de précarité, et qui représentent pas loin de 20 % de la population active en France[2]. Leur situation objectivement difficile est aggravée par le sentiment psychologique d'être exclus des avantages de la grande machine désirante. La situation des jeunes en difficulté d'emploi, bien peu protégés socialement, est caractéristique de cette situation frustrante.

• Les classes intermédiaires qui oscillent entre les deux situations. Dans leurs budgets, les charges fixes prennent une importance croissante en raison de la pression des nouveaux standards de vie (logement plus individualisé et de meilleure qualité, multimédia, etc.) et conduisent parfois à rogner sur des dépenses essentielles comme l'alimentation.

Dans ces deux dernières situations, l'endettement, fréquemment le surendettement, est le moyen de pallier cette difficulté en reportant sur l'avenir la charge que le présent ne permet pas d'assumer. Au total, l'excès de désir par rapport aux possibilités d'y répondre aliène les riches, frustre les classes moyennes et aggrave l'exclusion.

Cette situation a toutes les chances d'être durable, car il n'est pas évident d'inverser ce décalage. Faut-il augmenter les bas salaires ? Dans les pays comme la France où le chômage structurel prévaut et où 10 à 15 % des salariés sont déjà payés au smic, ce n'est pas la solution : ce sont plutôt les salaires moyens qu'il faut élever, étant admis que les salaires ne peuvent pas, en longue période, augmenter plus vite que la productivité du travail, soit 1,5 à 2 %, ce qui n'est pas rien, mais n'est pas non plus à l'échelle du problème. Faut-il donc augmenter la productivité du travail et la production, et plus généralement notre potentiel de croissance, comme

---

2. J'ajoute aux 4,8 millions évoqués ci-dessus, le million de salariés en intérim ou en contrats à durée déterminée.

beaucoup d'économistes le préconisent, notamment Michèle Debonneuil qui estime que l'on peut « industrialiser les services[3] » ? Sûrement, mais ce n'est pas si facile, car nous sommes encore dans une société de services, où la productivité augmente moins vite, et nous sommes concurrencés par les nouveaux producteurs internationaux alors même que notre commerce extérieur est en déficit. Quand bien même y arriverait-on, cette croissance supplémentaire serait absorbée par les investissements massifs de la croissance verte et par les coûts sociaux de la transition démographique (retraite, santé, dépendance). Le retour au plein-emploi est sûrement une réponse première pour résorber l'écart : c'est une réponse qui fait coup double, en élargissant la base productive, et en permettant aux personnes en situation d'exclusion d'accéder à leurs droits fondamentaux. Mais cela risque de ne pas suffire non plus. Il va donc falloir améliorer les conditions de la redistribution sociale d'une part et les formes de la créativité d'autre part. L'appel à la solidarité ne suffira plus. La solidarité passe désormais par la résorption des désirs exagérés, c'est-à-dire par une frugalité assumée, partagée, équitable, c'est-à-dire proportionnée aux excès de chacun. En un mot, nous allons devoir pratiquer l'économie du désir, au sens d'économiser le désir, de le concentrer sur l'essentiel.

Travailler sur le désir donc, pour le mieux maîtriser. Rien de plus difficile, rien de plus délicat, que la maîtrise du désir. Le désir est consubstantiel à l'être humain, qui par nature dispose d'une énergie excédentaire par rapport à celle qui lui est nécessaire pour survivre. Devant investir ce surplus, pour le pire ou pour le meilleur, il a toujours beaucoup de mal à trouver le ton juste. Aussi, vouloir résorber

---

3. Michèle Debonneuil, *L'Espoir économique. Vers la révolution du quaternaire*, Bourin Éditeur, 2007.

l'excès de la machine à désirer, c'est s'exposer immédiatement à plusieurs pièges dans lesquels il est facile de tomber :

- piège de la répression morale et frontale du désir, de sa délégitimation en tant que tel ;
- piège de l'austérité sociale imposée aux plus déshérités ;
- piège d'une réception de cette réflexion sur l'abondance frugale et solidaire comme l'amorce de cette austérité ;
- piège de la résignation fataliste à la situation actuelle, avec toutes les injustices et tous les risques qu'elle comporte pour la stabilité sociale, là où il y a au contraire besoin d'un nouvel élan.

Il ne s'agit donc pas d'arrêter le cours du grand fleuve du désir humain qui glisse vers des mers inconnues. Mais, en sages régulateurs, de le faire rentrer dans son lit, de mettre fin à la crue qui le fait déborder et le détourne de son sens. Il ne s'agit pas de remettre en cause le désir d'abondance, mais de le rééquilibrer par un principe compensateur de frugalité, afin d'être en mesure de hiérarchiser les désirs, de distinguer le fondamental de l'accessoire et de rendre effectif le droit égal au désir légitime de chacun. C'est ce que la notion d'abondance frugale et solidaire, solidaire parce que frugale, voudrait faire comprendre. Il s'agit donc de compenser. Mais il s'agit aussi de diversifier. Le désir humain est trop porté actuellement sur les satisfactions matérielles et symboliques tirées de l'activité professionnelle et il a trop négligé ces deux autres dimensions essentielles du désir qui sont les dimensions relationnelles et spirituelles. Aussi, la créativité dans le domaine de la production doit non seulement tenir compte des limites de la planète, du besoin de justice nationale et internationale, mais aussi s'élargir à la dimension relationnelle qui met en jeu la capacité de donner, recevoir et rendre, et à la dimension spirituelle qui met en jeu la capacité à l'intériorité et au sens, sujets sur lesquels on reviendra. En tout cas, ce sont désormais les objectifs mêmes de la société qui doivent être revus.

Travailler ensemble sur le sens et s'organiser à cet effet

Toute notre société est tendue vers la hausse du pouvoir d'achat. C'est autour d'elle que s'organisent la mobilisation économique et sociale, la vie pratique et une bonne partie du débat politique. La hausse du pouvoir d'achat tient lieu de sens car elle est censée multiplier les usages de sens de chacun(e). La réalité est moins libératrice, car cette tension vers un pouvoir d'achat croissant se paie cher, au prix d'une pression croissante sur le travail, des exclusions qui en résultent, de l'impossibilité de fait devant laquelle se trouvent la plupart d'arbitrer sans risque entre plus d'argent pour plus de biens, ou plus de temps pour faire autre chose. Quoi qu'il en soit, la hausse du pouvoir d'achat, compte tenu de ses limites actuelles, ne peut plus constituer un facteur de mobilisation sociale aussi fort que par le passé. Elle doit évidemment être recherchée pour aider à rendre la société plus juste, mais elle ne suffit plus. Mieux vaut le dire plutôt que de dispenser de fausses promesses suivies d'autant de déceptions. Mieux vaut rechercher des objectifs de société qui l'englobent comme moyen parmi d'autres, mais la dépassent dans une visée plus large. La société sobre et juste à construire n'est pas une société triste, mais une société créative, enrichissante autrement. Les conditions du bonheur ont changé. Des questions de fond se posent, comme les alternatives suivantes :

• Le travail vaut-il seulement comme moyen d'augmenter le pouvoir d'achat ou bien a-t-il une valeur en soi et à quelles conditions ?

• Voulons-nous plus de quantité ou plus de qualité ?

• Visons-nous le mieux-être ou le plus-être ?

• Recherchons-nous l'excitation ou l'élévation ?

• Souhaitons-nous des satisfactions ou des réalisations ?

• Préférons-nous la richesse ou la justice ?

• Optons-nous pour ce qui est immédiat ou pour ce qui est durable ?

Cette énumération n'est pas limitative ; elle montre par ricochet à quel point notre société s'est peu à peu déséquilibrée, à quel point elle a besoin d'un puissant contrepoids spirituel et moral pour éviter la sortie de route. Certes, tous ces termes ne sont pas inconciliables, et ces oppositions peuvent se muer en complémentarités. Avouons quand même que nos sociétés privilégient exagérément la quantité sur la qualité, le mieux-être sur le plus-être, la satisfaction de soi plutôt que la réalisation de soi, le court terme plutôt que le long terme. La créativité de demain consistera à trouver de nouveaux équilibres au sein de ces couples. Cela suppose un travail individuel et collectif sur le sens, selon une pédagogie à organiser, en tenant compte du fait que les institutions dont c'était la fonction, tel, notamment, le Commissariat général au Plan, ne sont plus en état de remplir cette mission. Il nous faut donc trouver une méthode pour travailler sur le vivre ensemble.

Quel est aujourd'hui le sens du vivre ensemble, quel est le sens que donnent à leur vie tous ceux qui ont à vivre ensemble ? La fin des grandes utopies laisse les démocraties désarmées, et cela d'autant plus qu'elles sont confrontées au besoin d'identité des personnes, souvent coupées de leurs racines et de leurs repères, et qu'elles se sont elles-mêmes constituées en opposant des dispositifs de droits abstraits et égalitaires à des identités préconstruites. La question moderne du sens et du vivre ensemble oblige les démocraties à se redéfinir, à se réévaluer, en considérant que le but de la liberté démocratique n'est pas de relativiser la vérité, mais de la chercher ensemble de manière plus authentique et transparente. La démocratie ne se limite pas en un jeu de procédures, si important soit-il. C'est le régime politique qui assure la mise en commun de la recherche du sens menée librement par les sujets qui la composent. Voilà le nouvel horizon du vivre ensemble, et qui vaut la peine : chercher ensemble à vivre mieux et bien, en s'aidant les uns les autres à donner sens à notre vie. Mais comment organiser ce régime ? Trois orientations s'imposent à cet effet : soutenir et équiper la recherche individuelle de sens, transmettre et cultiver le patrimoine symbolique de l'humanité, organiser de manière méthodique le travail collectif sur le sens.

ÉQUIPER ET STRUCTURER LA RECHERCHE INDIVIDUELLE DE SENS

Comme la question du sens est difficile, pour ne pas dire insondable, et que la solution n'est généralement plus donnée par une tradition, la tentation est de l'éluder. Cette fuite dans le divertissement au sens pascalien ne prépare pas aux situations de mal radical que toute existence rencontre un jour ou l'autre ; elle n'alimente pas bien non plus la vie collective qui s'atrophie ou risque de jouer un rôle autoritaire de suppléance dangereux pour la démocratie. Il faut donc aider la personne à travailler sur le sens. Il lui est conseillé de s'équiper à cet effet et de s'organiser en conséquence.

L'expérience montre que le respect simultané de quatre conditions peut y aider grandement : tout d'abord, la personne effectue un travail régulier d'intériorité sur elle-même et s'impose à cet égard un minimum de règles de comportement ; ensuite, elle dispose d'un groupe de pairs et d'amis pour échanger sans être jugée sur les questions délicates qui se posent inévitablement à elle et pour travailler en commun sur les préoccupations des uns et des autres ; en troisième lieu, elle est rattachée à une institution dotée d'un corps de doctrine ayant surmonté l'épreuve du temps, institution qui l'interpelle par une parole venue d'ailleurs et qui l'oblige à sortir d'elle-même et de la chaleur rassurante du groupe d'amis, tout en lui assurant, éventuellement, cette forme particulière et précieuse, bien que sous-estimée aujourd'hui, de vivre ensemble qu'est le culte [4] ; et enfin, et ce point est important, elle reste ouverte sur les autres traditions spirituelles ou religieuses, sur les apports des sciences, sur l'universel en un mot, quelles que soient les remises en cause qui peuvent en résulter. À chacun d'organiser cet équipement, de la façon la plus compatible possible avec son mode de vie. Aux institutions d'éducation, aux mouvements d'éducation populaire, aux organisations religieuses d'y contribuer, à l'organisation sociale de le permettre !

---

4. Quel autre moment de l'existence nous permet d'être ensemble, toutes classes sociales confondues, en silence et à l'écoute d'un message qui nous dépasse et nous oblige en nous posant question, corps immobile et esprit tendu, intériorité et extériorité activées ensemble ? Ceux ou celles qui se privent de ce qui ne devrait pas être, sous une forme ou une autre, une obligation, mais une nécessité intérieure ressentie, que font-ils, que font-elles, de ces moments ou de ces parts d'eux-mêmes ou d'elles-mêmes qu'ils ou elles croient économiser ?

TRANSMETTRE ET CULTIVER LE PATRIMOINE SYMBOLIQUE DE L'HUMANITÉ

Pas de recherche sérieuse qui ne parte d'une transmission. Celle-ci est en crise, il faut donc mieux l'organiser.

L'humanité a constitué un patrimoine symbolique riche et diversifié pour répondre à la question du sens. La philosophie, l'art, la culture, les religions, les spiritualités sont notre patrimoine commun collectif, qui doit être globalisé, recensé, transmis et donc enseigné. À l'heure de la mondialisation, la fonction de l'enseignement est aussi de fournir cette gamme de repères possibles entre lesquels chacun pourra se situer, à partir desquels il pourra approfondir sa vision des choses, seul ou en groupe.

Il est donc essentiel que le fait religieux soit intégré dans l'enseignement officiel français et que le principe en soit admis, même s'il est encore imparfaitement appliqué. Il serait normal et légitime aussi que l'étude des religions, la science des religions, soit considérée comme une discipline académique officielle, une dimension de l'esprit humain, au même titre que la philosophie ou la littérature.

Enfin, les religions elles-mêmes ont un travail à faire ; d'abord pour approfondir leur propre message, le confronter aux apports des sciences ; ensuite pour dialoguer entre elles ; dialoguer non seulement sur le plan interreligieux, mais aussi sur le plan intrareligieux (connaissance de la religion de l'autre sans souci de le convertir et découverte, par ricochet, des richesses cachées de sa propre tradition) et métareligieux (il y a une grammaire commune des religions, avec les accents particuliers de chacune). Réussir le vivre ensemble, c'est sûrement réussir aussi le vivre ensemble entre les religions. Si les gardiens du sacré ne s'entendent pas entre eux, comment le caractère sacré du « vivre ensemble », reconnu comme tel par les sociologues, pourrait-il se maintenir ?

ORGANISER DE MANIÈRE MÉTHODIQUE LE TRAVAIL COLLECTIF SUR LE SENS

Nos démocraties, pour jouer leur rôle institutionnel de support d'un vivre ensemble réussi, ont besoin d'un nouvel outillage, de nouvelles méthodes, de nouveaux contrepoids. On en citera trois :

• l'éthique de la discussion : elle consiste, notamment, à distinguer « acteurs communicationnels », en recherche d'une vérité sur un sujet complexe, et « acteurs stratégiques », soucieux d'obtenir telle ou telle décision. Les espaces de réelle communication, où l'on écoute et où l'on échange, doivent être généralisés et donc organisés à tous les niveaux territoriaux et dans les médias [5]. Vivre ensemble, c'est délibérer ensemble, pas nécessairement pour se mettre d'accord, mais au moins pour savoir pourquoi on est en désaccord. Le désaccord maîtrisé fait lien, tout comme le consensus difficilement obtenu, ou le compromis laborieusement construit ;

• cela suppose que les méthodes permettant de maîtriser la violence – non de la fuir – soient reconnues et enseignées. Un vivre ensemble réussi suppose à la fois que l'on dénonce les situations de violence et que l'on y remédie autrement que par la violence ;

• il n'est pas possible non plus d'éluder la question si prégnante du désir de pouvoir, désir légitime, mais dans une certaine mesure seulement, car il est particulièrement

---

5. Voir sur www.democratie-spiritualite.org le dossier consacré à l'éthique de la discussion, dont Habermas est l'un des théoriciens (*Morale et communication*, Cerf, 1986 ; *Théorie de l'agir communicationnel*, Fayard, 1987).

propice au débordement, à l'accaparement, et source de pollution de la décision et de son sens. De quel capital éthique équiper l'acteur en responsabilité ? On le voit bien, les contre-pouvoirs classiques de la démocratie représentative ne suffisent plus.

Au total, le besoin est fort de donner un nouvel élan à l'action des mouvements d'éducation populaire qui ont si fortement contribué à la démocratisation de la société, parce qu'ils encadraient les personnes et les aidaient dans leurs engagements en leur permettant de concilier contemplation et action, intériorité et extériorité, réflexion ou action. Il y aurait lieu sans doute d'organiser des parcours de vie avec des étapes de trois ou quatre ans organisées autour de thèmes dominants (par exemple approfondissement philosophique et spirituel, engagement social au service des autres, engagement civique ou politique, puis spécialisation dans l'un de ces domaines). L'honnête homme du XXIe siècle, pressuré de toutes parts dans une société à la fois trop riche et trop pauvre, sûrement trop complexe, a besoin de cadres d'appui pour émerger et contribuer au vivre ensemble. Et il y a besoin d'un outil collectif qui permette à la société civile et à ses acteurs les plus responsables de débattre de manière participative sur les conditions du vivre ensemble et de proposer aux responsables des réformes de structure pertinentes. Ce point sera repris *in fine* dans les développements consacrés au projet de « pacte civique ».

CHAPITRE 2

Un développement matériel, relationnel, spirituel

Comment remettre l'économie à sa place dans notre société ? À sa juste place, à sa vraie place, alors qu'elle a tendance à envahir tout le champ social. Toute personne prenant la question du sens au sérieux ne peut manquer de s'interroger sur ce problème central : comment redonner du sens à l'économie, comment redonner son sens à l'économie ?

Il n'y a pas ici de compromis possible. Au point où en sont arrivées les choses, c'est une véritable inversion qu'il s'agit d'opérer. Le sens doit s'imposer à l'économie. Celle-ci n'est que l'un des moyens du sens, elle ne suffit pas, par elle-même, à faire sens. Le sens du développement, ce n'est pas le développement. C'est le développement du sens, dont l'économie n'est qu'une modalité parmi d'autres. L'économie, science des besoins, ne prend en compte que certains besoins de la personne : à savoir ses besoins matériels. Elle ne prend pas en compte ces deux autres types de besoins, au moins aussi importants, que sont les besoins relationnels et spirituels, qui se satisfont de tout autres façons. Aussi peut-on dire que le sens du développement, c'est le développement de la personne et de ses différentes dimensions. De tout homme et de tout l'homme, comme le disait François Perroux. C'est par rapport à cette finalité que l'économie doit se situer et doit redevenir sensée. Il faut aujourd'hui effectuer cette révolution copernicienne qui consiste à revenir aux fondements, aux finalités, pour définir les conditions d'un développement humain en économie de marché, puis y assujettir l'économie.

Bref, il s'agit de retrouver la hiérarchie des valeurs, selon laquelle l'économie de marché est au service du développement humain grâce à l'arbitrage du politique éclairé par le débat démocratique. Il convient donc de définir les points d'ancrage d'un développement humain, les clivages qui permettent ensuite d'agir sur la réalité. La distinction – parmi d'autres possibles – entre les besoins matériels, relationnels et spirituels s'avère, à cet égard, éclairante et susceptible d'application efficace.

Les équations temporelles personnelles

Si l'on part de l'idée que le but du développement est de produire un état de bien-être physique, social et moral [1], il peut être intéressant d'examiner comment l'homme ressent son temps vécu. Le temps est en effet un phénomène social total, transversal à la vie humaine, qui se compose d'un ensemble de quantités et de qualités. Comment s'articulent-elles entre elles, sont-elles sources de bien-être, comment donner à la personne la possibilité de bien les agencer ou d'en corriger les déséquilibres ? Voilà qui mérite autant d'intérêt que de débats devenus classiques sur le partage du travail et sur les 35 heures.

1. Il se trouve que c'est aussi la définition que l'OMS donne de la santé.

Dans son article « Les équations temporelles personnelles » de mars 1986[2], William Grossin, grand spécialiste français de la question du temps, part de la constatation suivante : « Des conduites aberrantes, des maladies mentales, des détériorations de la personnalité, des malaises plus ou moins fortement ressentis proviennent de déséquilibres temporels dont l'individu n'a généralement pas idée, et que la société industrielle accentue. Dans le meilleur des cas, il s'efforce, par tâtonnements, à une répartition satisfaisante des deux temps dont il a une conscience claire : le temps de travail et le temps libre. Or les types de temps dont la vie est faite sont beaucoup plus nombreux, complexes, superposés et entrecroisés que ne le laisse supposer la représentation courante du temps linéaire unique. »

L'analyse de quelques situations de crise le conduit à sa thèse principale : « Tous les cas de déséquilibres temporels suggèrent l'idée qu'il doit exister un optimum de répartition, une combinaison bénéfique de temps équilibrés, variable d'un individu à l'autre, selon ce que l'on conviendra d'appeler l'équation temporelle personnelle. La réalisation pour chacun d'un agencement convenable, sinon idéal des différents temps de l'existence suppose que l'on puisse les identifier, définir leurs caractéristiques principales et secondaires, démêler leurs enchevêtrements. »

William Grossin se réfère alors à un certain nombre d'expériences courantes : « Après une longue période de solitude, on ressent le besoin d'un contact social, le désir d'une ambiance de fête et le bain de foule fait du bien, alors qu'il excède en d'autres occasions. Inversement, la surabondance de temps vécu parmi les autres incite à la recherche du temps intime ou solitaire. Quand, majoritairement, les ouvriers, à l'inverse d'autres catégories professionnelles, ne

2. Publié dans la revue *Échange et Projets*.

désirent d'autre règle pendant les vacances que leur fantaisie, c'est qu'ils réagissent à l'excès des temps organisés et structurés de leur vie quotidienne de travail. Le besoin d'une compensation détermine souvent des conduites excessives où les acteurs passent d'un déséquilibre à un autre.

Le concept d'équilibre et de déséquilibre temporel conduit à recenser les temps par couples où ils s'opposent, et dont il faudrait rechercher une combinaison harmonieuse pour chaque individu : temps de solitude et temps de contact social, temps d'occupation et temps de désœuvrement ou temps d'activité et temps de repos, lequel ne comprend pas seulement le temps de sommeil, mais celui du délassement éveillé, du farniente et de la paresse, le temps structuré et le temps non structuré. » Grossin évoque aussi d'autres oppositions de ce type : temps d'activités physiques ou intellectuelles, temps publics ou intimes, temps sérieux et ludiques. Cette combinatoire pourrait sans doute être développée sur une large échelle, mais là n'est pas l'essentiel.

Celui-ci réside tout d'abord dans le fait que « l'équilibre temporel personnel, c'est-à-dire l'ajustement des divers temps de l'existence à l'équation temporelle personnelle, n'est jamais acquis une fois pour toutes. Il demande vigilance, révision des temps, assumés chaque fois que l'une des variables se modifie : un changement d'activité professionnelle, une rupture de la composante familiale, le passage de la vie rurale à la vie urbaine et, réciproquement, tous événements qui modifient la distribution des temps antérieurement vécus. Ou l'âge... ».

En second lieu, il convient d'attacher une importance particulière à l'opposition entre les temps personnels produits et les temps extérieurs subis... L'homme, en effet, produit un ensemble de temps qui lui sont propres : non seulement à l'occasion de son temps libre, mais aussi en composant ses biorythmes, ou tout simplement lorsqu'il s'implique pleinement dans ses activités. Or temps personnels et temps extérieurs sont étroitement corrélés : « Un travail étroitement réglé par des temps imposés, étroits et répétitifs, empêche l'homme de produire avec sa tâche des temps qui lui soient propres. Le rapport de l'homme avec les temps extérieurs, chargés de rappels, d'injonctions, de contraintes, bien souvent, est d'autant mieux établi qu'il peut les combiner avec ses temps propres. Si les signes temporels extérieurs disparaissent, les temps propres en sont affectés. Les biorythmes eux-mêmes se dérèglent. L'absence d'une production de temps personnels a aussi de très mauvais effets. Elle renferme la personnalité sur un acquis. Elle est à la source de ce que l'on peut nommer des maladies de langueur : spleen, mélancolie, ennui, neurasthénie… »

Il en résulte qu'« une existence n'est bien vécue que dans un bon rapport des temps extérieurs et des temps personnels. L'homme est l'agent de leur synthèse, pour ainsi dire sans le savoir. Cela n'irait pas plus mal s'il en était un agent conscient. Ainsi, dans le cours quotidien que ménage à l'homme une société industrielle qui accroît les pressions temporelles et l'envahissement des temps extérieurs, ce sont les temps personnels qu'il faudrait protéger, conserver, développer. Leur qualité particulière, c'est de réserver dans la vie des "étendues" de présent qui tiennent en lisière les temps extérieurs et tempèrent les irritations et frustrations qui proviennent de la "vitesse sociale" pour reprendre ici l'expression de Tusjirama – lequel plaide pour un "slow-down", un ralentissement de cette vitesse ».

Cet appel à travailler non pas seulement sur le temps, mais sur « les temps concrets, dans leur complexité, leur pluralité et leurs rapports » met l'accent sur l'une des conditions essentielles du développement de la personne : pouvoir choisir et maîtriser son temps, c'est-à-dire ses différents temps, en conciliant le mieux ou le moins mal possible ses différents versants.

Ainsi apparaît le but recentré d'un développement humain : non pas produire davantage de richesses, mais permettre à chacun, en liaison avec les autres, de mieux maîtriser son temps, afin de pouvoir réellement composer ses différents temps de vie. La production de richesses doit être subordonnée à cet objectif. Le but de l'économie, c'est que les hommes soient moins soumis à l'économie, à moins bien sûr qu'ils ne décident individuellement et volontairement de s'y soumettre parce que là est leur talent et leur vocation. Mais cela ne justifie pas qu'ils imposent leur rythme à l'ensemble de la société.

Trois besoins fondamentaux

Pour permettre ce changement, commençons par distinguer trois types de besoins fondamentaux, mais différents, qui entretiennent des relations distinctes avec l'économie. Il ne s'agit pas ici de catégories anthropologiques, mais de discriminations stratégiques permettant d'agir efficacement sur la réalité en mettant la personne humaine au centre. En partant de l'idée de besoins, c'est-à-dire en partant de ce qui est l'objet – en principe – de l'économie, on est amené à mettre en valeur le fait que les besoins ne sont pas tous de nature économique, même s'ils impliquent certaines formes d'activité productive. Il en résulte que l'économie n'est pas en mesure de satisfaire tous les besoins humains et que, par conséquent, pour être fidèle à sa propre raison d'être, l'économie doit accepter d'être limitée ou même de s'autolimiter.

Ce qui ne va pas dans l'économie aujourd'hui, c'est qu'elle ne prend pas en compte l'intégralité des besoins humains. Il y a bien des façons de définir ou d'analyser ce que sont les besoins humains, mais il est pédagogique de considérer qu'une personne, pour se construire, pour exister en tant que personne, doit satisfaire des besoins matériels, des besoins relationnels et des besoins spirituels. Ces trois besoins se satisfont par des relations au temps différentes.

Les besoins matériels sont ceux de la production, ce sont ceux que l'économie est censée satisfaire ; pour ce faire, chacun doit déployer une activité rémunérée selon des normes qui lui sont fixées de l'extérieur. Il faut atteindre un objectif en un temps donné, qui est fixé par un tiers, en échange de quoi on reçoit une rémunération : il n'y a plus de dette, chacun est quitte. Le travail fournit sociabilité et autonomie. Emmanuel Mounier disait que ce temps productif « arrache l'individu à lui-même », mais, ajoutait-il, il doit servir à construire la personne, et non transformer celle-ci en une marchandise ou en un être avide de pouvoir, d'argent et de richesse [3]. C'est le risque que l'on court si on ne considère que les besoins matériels, en négligeant les deux autres.

Les besoins relationnels concernent la famille, la vie associative, l'amitié, la convivialité. Leur satisfaction fait appel à diverses activités mais qui diffèrent du travail par deux traits essentiels : elles ne sont pas rémunérées en argent et les normes productives sont fixées par les personnes elles-mêmes et non par des tiers. De ce fait, elles lient les personnes par des jeux de créances et de dettes. On donne à ses enfants en les élevant, ils ont une dette envers leurs parents qu'ils honoreront un jour ou l'autre, sous une forme ou sous une autre, en tout cas sous la forme qu'ils

---

3. Emmanuel Mounier, « Note sur le travail », *in Refaire la Renaissance*, Le Seuil, collection « Points », 2000.

décideront. Ce n'est pas un contrat. C'est le fait d'être en situation de créancier et de débiteur qui fait lien. Une grande partie de notre vie est consacrée au fait que l'on donne, que l'on reçoit et que l'on rend, et notre vie relationnelle fonctionne largement sur ce schéma anthropologique de base que l'ambiance utilitariste et individualiste a recouvert d'un voile opaque. Et c'est peut-être la part la plus importante de nous-mêmes qui est ainsi occultée, ainsi qu'un autre rapport au temps que celui qui prévaut dans le temps productif.

Enfin, il y a le temps spirituel qui est un temps plus personnel. On peut tenter de le définir comme le temps selon lequel chaque personne va assumer sa confrontation au mal radical, puisqu'il semble que tout soit mystérieusement programmé pour que toute existence doive affronter l'absurde et l'incompréhensible, dont la mort est la forme extrême et commune. C'est le temps de la relation au sens, un temps d'accumulation lente, d'incertitudes, de tâtonnements, de recherches, suivi de périodes d'apaisement, de grâce et d'illumination. Temps où se rejoignent notamment l'expérience spirituelle, l'expérience artistique et l'expérience psychanalytique.

Disons-le tout net, cette distinction entre trois types de temps est avant tout une commodité pour l'analyse et pour l'action. Le but, bien entendu, est de parvenir à les unifier.

Un travail dans lequel on est vraiment soi-même, dans lequel on a trouvé sa vocation, est un travail dans lequel il y a à la fois du temps productif, du temps relationnel et du temps spirituel. Mais notre société est caractérisée par un clivage croissant entre ces différents temps en raison notamment de l'emprise et du durcissement du temps de travail. Le souci d'offrir un rendement élevé aux actionnaires, l'intensification de la concurrence, le souci de plaire aux consommateurs conduisent à pressurer le temps de travail. Les normes d'efficacité l'emportent sur les dimensions relationnelles et spirituelles au sein du travail ou à l'extérieur du travail ; ces dimensions sont en quelquc sorte mises à la marge. Ce schéma ne peut construire des personnes accomplies.

Quant aux activités relationnelles, elles ont une composante d'activité et d'effort qui constitue un travail, même s'il est récompensé par des contre-dons ou des contre-prestations et non rémunéré par de l'argent. Une bonne capacité au travail rémunéré rejaillit d'ailleurs favorablement sur les activités relationnelles, comme le montre l'expérience courante. Celles-ci, étant moins normées, laissent en principe plus de place et plus de temps pour les intentions spirituelles. Mais elles peuvent aussi devenir un but en soi, une sorte de cocon ou de confort, qui laisse de côté ou permet d'éluder les questions importantes de l'existence qui prendront peut-être leur revanche à un moment difficile. En un mot, la convergence autour du temps relationnel des qualités requises dans le travail productif et des vertus propres au temps spirituel est possible et souhaitable, mais ne va pas de soi. C'est une construction et une tension permanentes.

La même problématique vaut pour le temps spirituel. Celui-ci a sa valeur propre et irréductible, évidemment. Mais, d'une part, il implique un important travail sur soi, des méthodes, parfois une règle de vie qui aide et supporte (mais ne doit pas étouffer). D'autre part, le temps spirituel, même s'il a une forte composante personnelle et solitaire, ne peut être mené seul et de façon isolée ; il a nécessairement une composante symbolique et relationnelle, aux formes particulières, et cela même chez l'anachorète : il (ou elle) se rattache à une communauté, il en lit les textes, il a besoin de parler de son expérience, avec ses frères (ou sœurs) ou avec un directeur spirituel. S'il croit qu'il peut s'en sortir seul, il se trompe. En d'autres termes, le temps spirituel, lui aussi, a besoin des qualités qui se déploient normalement dans les deux autres temps de la vie.

En d'autres termes, il y a bien trois pôles distincts dans la vie des personnes. Mais ces pôles ne sont pas cloisonnés. Ils s'interpénètrent nécessairement et doivent se conforter et s'enrichir mutuellement, tout en étant en équilibre. C'est ce que les monastères ont su faire, dans un cadre particulier, mais non aisément reproductible. C'est ce que les sociétés traditionnelles semblent avoir réussi plus ou moins à faire. C'est ce que notre monde moderne a rendu aléatoire et difficile et qui suppose une reconquête dont les modalités doivent être précisées.

Besoins matériels, travail rémunéré et temps normé productif

Les besoins matériels, au sens large du terme (manger, se loger, se vêtir, circuler, bénéficier des services indispensables) sont de plus en plus satisfaits par l'achat de biens ou services sur un marché ou par l'obtention de prestations publiques gratuites financées par des prélèvements obligatoires, c'est-à-dire par le recours, dans l'un et l'autre cas, au travail rémunéré exercé par des tiers. La production domestique, l'autoproduction, les services mutuels non rémunérés entre proches, si importants dans les sociétés traditionnelles, ont progressivement décliné au profit de la consommation de biens et services produits à l'extérieur et rémunérés grâce à l'argent que procure le travail.

Cette « grande transformation », selon l'expression de Polanyi, essentielle pour comprendre notre modernité, vient de ce que la division et la spécialisation du travail permettent une efficacité beaucoup plus grande que l'autoproduction domestique : compétences professionnelles plus affinées, regroupement des tâches et économies d'échelle dues à une production plus abondante ou en série, possibilité d'utiliser du capital qui accroît le rendement du travail ou permet de fabriquer des objets ou de fournir des services nouveaux. Dès lors que ceux qui produisaient mieux ou moins cher ont pu vendre sur un marché, ils ont éliminé leurs concurrents, ou les ont obligés à les imiter dans leurs méthodes. Les plus efficaces imposent à tous leurs normes. Tout le monde est obligé de suivre. Le critère d'efficacité productive est devenu premier, l'emportant sur les aspects relationnels ou spirituels. C'est cela qui a permis la révolution industrielle et la naissance de ce que Hannah Arendt, dans *Condition de l'homme moderne*, appelle un monde d'artefact (notre environnement est de moins en moins naturel, de plus en plus fabriqué)[4]. Ce faisant, l'homme a transformé sa condition, a pu vaincre les pesanteurs de la nature. Grâce au travail organisé, socialisé, spécialisé, il est apparu que le monde pouvait être transformé, que demain pouvait être meilleur à vivre qu'hier, que le progrès économique était possible, et qu'il se traduisait en augmentation du niveau de vie et de la durée de la vie. Nous sommes tous les héritiers de cette transformation du travail, que nous le voulions ou non.

Reste qu'il faut s'interroger sur la place du travail moderne dans un projet de développement humain[5].

Le travail nécessite un effort, une tension de la personnalité, et ce n'est pas pour rien que son origine étymologique (*tripallium*, instrument de torture) est fréquemment rappelée. Il comporte une dose plus ou moins forte de pénibilité et de contrainte. Il est subordonné, on n'y fait pas ce que l'on veut, l'on doit obéir à des ordres, respecter des

4. Hannah Arendt, *Condition de l'homme moderne*, Calmann-Lévy, 2000.

5. Sur ce point, voir J.-B. de Foucauld : « Aujourd'hui, quel sens donner au travail ? », *in Semaines sociales de France, Travailler et vivre*, Bayard, 2000.

normes, satisfaire le client ou le patron. Le travail représente le monde de la nécessité, non celui de la liberté. Il représente une certaine forme de fatalité, liée à la condition humaine vouée à gagner son pain à la sueur de son front dès lors qu'elle a été chassée du paradis terrestre. Acquérir une compétence professionnelle, savoir l'exercer correctement obligent à surmonter toutes ces pesanteurs, toutes ces lourdeurs. Cela implique à l'évidence un travail sur soi, une maîtrise de soi, un effort de dépassement, voire d'arrachement. Et, à vrai dire, il n'y a guère le choix dans une société démocratique, sauf à vivre aux dépens d'autrui. En effet, si, dans les sociétés traditionnelles, réussir sa vie était réussir à ne pas travailler, grâce à l'obtention d'une rente, ou en faisant fructifier un patrimoine, ou grâce à l'exercice de fonctions honorifiques, dans les sociétés modernes démocratiques, le travail de chacun est devenu l'une des conditions du développement de tous et accompagne naturellement la citoyenneté et l'égalité.

Ces efforts pour accéder au travail rémunéré ne sont pas sans contreparties pour la personne. Une fois la compétence acquise et l'expérience accumulée, la pénibilité du travail baisse et les gratifications augmentent. Le travail devient plus facile, plus automatique, plus habituel, comme une seconde nature en quelque sorte, qui s'est forgée au sein d'une personnalité tout en la structurant. Les récompenses sociales augmentent sous forme de rémunérations assurant une certaine autonomie ; le travail fournit un lien social particulier, celui de la communauté de travail, qui peut être riche et puissant ; il fait contrepoids au lien familial, que celui-ci soit trop fort et étouffant, ou au contraire trop faible ou inexistant ; le travail donne une reconnaissance sociale, un rôle, une identité, au moment où les autres sources de l'identité se sont raréfiées ; il permet à l'homme d'exercer un pouvoir sur les choses, de produire une œuvre, de laisser une trace derrière soi. Bref, il est un facteur important de développement personnel. Il vaut la peine. Il a dans nos sociétés une fonction initiatique et constitue un élément essentiel de la sociabilisation en démocratie.

La preuve *a contrario* de ces aspects bénéfiques du travail apparaît dans la situation très douloureuse de ceux qui cherchent un emploi, et se découragent peu à peu de n'en trouver aucun. Ils perdent bien plus que leur rémunération, souvent une part d'eux-mêmes, une part de leur identité, une part de leur propre estime.

Réévaluer le temps relationnel

Il y a au moins deux raisons d'attacher plus d'importance au temps relationnel.

D'une part, ce temps qui était jusqu'à présent contraint et organisé par la famille, le voisinage, l'activité productive, le système symbolique, s'est autonomisé et libéré. Cela est dû au développement des choix individuels, au temps libre, à la mobilité géographique, à l'urbanisation, à la révolution des communications et des télécommunications. Mais, du coup, le lien social est désormais en libre service. Il flotte, pour le meilleur et pour le pire. Il convient donc de s'interroger sur les conditions de sa distribution, sur les modalités selon lesquelles chacun peut accéder au tissu relationnel qui lui convient, en évitant l'excès de solitude ou l'excès de densité. Plus la société est libre, plus cette question se pose de façon aiguë.

D'autre part et inversement, dans le moment même où il prend son autonomie, ce temps relationnel est parasité par le temps productif. Un équilibre s'établissait, chez l'agriculteur, chez l'artisan, chez le commerçant d'hier, qui savaient garder du temps pour l'essentiel – la relation – à l'intérieur même de leur travail. Dans le temps productif d'aujourd'hui, on chasse impitoyablement les emplois en surnombre, les temps morts, les temps inutiles et les pauses sont réduites (y compris pour les repas, avec le développement de la journée continue). Les 35 heures ont d'ailleurs accéléré ce phénomène de densification du temps productif aux dépens du temps relationnel (d'où l'accroissement, semble-t-il, de la « souffrance au travail », thème de plus en plus évoqué). Dans les activités tertiaires, on voit même des activités purement relationnelles être intégrées dans les normes productives par le biais de ce qu'il faut bien appeler une forme nouvelle de taylorisme intellectuel : l'organisation du travail d'un centre d'appels par exemple où tout est minuté, prévu à l'avance, et où, en un minimum de temps, dûment contrôlé, sans jamais perdre son calme, l'opérateur doit satisfaire les multiples désirs des clients, en est un bon exemple. Quand il n'est pas ainsi absorbé, le temps relationnel est rejeté dans le temps libre, clairement séparé du temps productif. On dira que précisément le temps libre augmente. Mais, pour une part, il est lui-même menacé par l'augmentation des temps de transport – bien peu relationnels – et, pour les cadres et commerciaux, par l'emprise que le temps de travail continue à exercer sur le temps hors travail, du fait de la préoccupation constante qu'il engendre, des dossiers à traiter le week-end, ou des ordinateurs portables qui permettent de continuer à travailler à distance. Quant au temps libre qui reste, et qui reste malgré tout important, peut-il être qualifié de relationnel ?

Joffre Dumazedier, dans son célèbre livre sur *La Civilisation des loisirs* distinguait dans le loisir trois fonctions : le délassement, le divertissement et le développement. Rien n'interdit que ces trois formes légitimes du loisir soient également relationnelles, bien au contraire. Qu'en est-il effectivement ? Il apparaît nécessaire ici de bien distinguer contact social, relations sociales et liens sociaux. Notre société facilite les contacts sociaux, en multiplie les occasions, grâce notamment aux nouvelles technologies ; mais un contact n'est pas nécessairement une relation et encore moins un lien. La télévision – à laquelle 80 % des Français consacrent en moyenne 2 h 40 par jour – est un contact, non une relation. Le téléphone et le courrier électronique, grâce à leur interactivité, facilitent les relations et les échanges, mais pas nécessairement les liens. Ceux-ci, pour mériter leur nom, doivent fonctionner pour le meilleur et pour le pire, sur une base de confiance et de soutien, pas seulement quand tout va bien, mais aussi et peut-être surtout lorsque l'un ou l'autre de ceux qui sont « liés » est en difficulté. Or, comme les liens sont aujourd'hui plus choisis que contraints, il est tentant de les valoriser lorsqu'ils sont agréables, gratifiants, riches et productifs, et de les rejeter dans les situations inverses : on fuit ou on limite les contacts avec les chômeurs et les personnes en situation difficile, personnes âgées ou malades, parce qu'ils sont jugés pénibles. Et ce faisant on ajoute aux exclusions économiques ou physiques une exclusion sociale qui les renforce. Cela n'est pas nécessairement conscient ou voulu, mais résulte de comportements de plus en plus marqués par l'intérêt. Une partie de la hausse des divorces s'explique autant par cette évolution que par le souci de mettre fin à des situations irrespirables ou impossibles. Une relation qui n'est marquée que par l'intérêt, ou qui est essentiellement représentée ou rationalisée par lui, ne dure que pour autant que l'intérêt subsiste. Elle a de bonnes chances d'être moins stable, surtout si l'environnement lui-même est changeant. Elle néglige nécessairement des composantes importantes de la personnalité (ou de la société) qui restent ainsi en jachère. Elle s'attache aux points forts et néglige les points faibles. Pourtant, le développement consiste à renforcer les seconds autant que les premiers, tant au niveau de la personne qu'à celui de la collectivité.

Or, de ce point de vue, l'économie de marché, les valeurs et la morale qu'elle véhicule font des ravages et déteignent sur le système relationnel : l'utilitarisme imprègne les comportements de consommation et de production et influence l'intersubjectivité au point que l'on pourrait dire qu'il est devenu la morale, pour ne pas dire la religion, de la société, un succédané de sens en tout cas. Le système est cohérent dans la mesure où l'homme est déterminé par l'intérêt. Mais qu'advient-il s'il n'en est pas ainsi, ou pour la partie de nous-même qui n'obéit pas à ce mobile ? La représentation utilitariste que nous avons de nous-même ne va-t-elle pas finir par fausser notre être même, nos relations avec les autres, et de proche en proche la vie sociale elle-même ?

Il importe donc de réévaluer le temps relationnel, largement chassé du temps productif et miné par l'utilitarisme, l'instabilité et le flou dans le temps non productif. Pour cela, cherchons à l'asseoir sur ses bases anthropologiques, à mieux cerner l'activité à laquelle il donne lieu et à mieux mesurer le capital social qu'il peut représenter.

Le don anthropologique, fondement de la relation [6]

« L'anthropologue américain Nicholas McDowell nous relate la scène d'une rencontre entre deux tribus qui ne se connaissaient pas. L'une et l'autre croient avoir affaire à des monstres, jusqu'au moment où l'une des parties propose à l'autre un don. C'est alors qu'ils reconnurent qu'il s'agissait bien d'hommes. » Cette citation extraite de *La Revue du*

6. Une partie des développements qui suivent a paru dans *La Croix* du 14 mai 2001.

Mauss [7] illustre à quel point le don, ici l'échange des présents, est intimement lié à la socialité primaire, avant même le contrat et le jeu des intérêts. Le problème est que nous l'avons oublié, ou peut-être même jamais reconnu.

Dans nos représentations courantes, en effet, le don est étroitement cantonné : c'est un bel acte, généreux et désintéressé, mais rare, et nécessairement inspiré de motifs humanitaires ou religieux. Voilà ce que nous pensons communément.

C'est à une tout autre lecture que nous invite Alain Caillé dans son *Anthropologie du don* [8]. Développant les réflexions du célèbre *Essai sur le don* de 1924 de Marcel Mauss, à partir des travaux de la revue éponyme [9] qu'il anime, il met en valeur un phénomène sociologique et psychologique autrement plus complexe.

Donner, ce n'est pas seulement donner. Ce ne peut pas être un acte purement unilatéral : il faut pour donner que le destinataire accepte de recevoir. Or recevoir un don ne va pas de soi, car cela aboutit, qu'on le veuille ou non, à reconnaître une sorte de dette. Il va falloir s'acquitter de celle-ci, donc rendre. Certes, l'obligation de rendre n'est pas juridique, elle ne fait pas l'objet d'un contrat. Elle est en quelque sorte morale : il y a bien quelque chose à rendre, mais à un terme qui n'est pas déterminé, pas plus d'ailleurs que sa forme ; c'est le récipiendaire qui choisira, à moins d'impossibilité de sa part, ou de volonté de rupture. Le don n'est donc pas un acte isolé. Il s'inscrit dans une chaîne, celle qui conduit à donner, recevoir et rendre et qui, une fois lancée, s'alimente toute seule tant que chacun joue à peu près le jeu. C'est précisément ce circuit de dons et de contre-dons qui nous lie les uns aux autres par un jeu de créances et de dettes

7. *La Revue du Mauss*, « Ce que donner veut dire », La Découverte, 1993, p. 187.
8. Alain Caillé, *Anthropologie du don*, Desclée de Brouwer, 1999.
9. MAUSS : Mouvement antiutilitariste dans les sciences sociales.

jamais soldées. Comme M. Jourdain faisait de la prose sans le savoir, nous passons notre temps à donner, à recevoir et à rendre, non seulement dans nos relations familiales, amicales, associatives (dans ce qu'il est convenu d'appeler la socialité primaire), mais également à l'occasion de nos relations professionnelles, même si celles-ci sont prioritairement marquées par le souci d'efficacité qui caractérise la socialité secondaire : nous donnons, recevons, rendons en permanence, des biens, des services, des idées, des symboles, des rites, des attentions, des sourires, des sentiments. Nous l'avons tout simplement oublié tant sont devenues puissantes les représentations utilitaristes de nous-mêmes et de la société.

Ce qui explique cette relative universalité du don, c'est qu'il n'est pas totalement désintéressé : on en attend presque toujours quelque chose en retour, ne serait-ce que la reconnaissance d'une créance et la simple constitution du lien qui en résulte. Et pourtant, il présente aussi une part de gratuité : il pourrait ne pas être. Il est créatif, spontané, libre. Jusqu'à un certain point cependant : libre quant à ses formes mais souvent obligé sans être obligatoire : que l'on pense simplement aux cadeaux de Noël. Ainsi apparaît la caractéristique essentielle de cet enfant de bohème quelque peu insaisissable qui, comme l'énergie vitale, nous mène par le bout du nez, sans toujours se montrer : son ambivalence, son caractère hybride, libre et obligé, désintéressé et intéressé tout à la fois. Ce qui explique que Lévi-Strauss ait pu – à tort selon A. Caillé – y voir la première forme de l'échange. Le don est à l'image même de la nature humaine : ambigu. Il est en bonne partie ce que nous voulons en faire !

Plus courant et prégnant qu'on ne le croit, le don a également plusieurs visages et plusieurs champs d'application.

Dans le don agonistique et concurrentiel, chacun rivalise dans le montant ou le luxe du don, selon le phénomène bien connu du « potlatch ». Dans cette perspective, le don est ce qui fait cesser la guerre de tous contre tous, une manière de poursuivre la guerre par les moyens de la paix, par la rivalité dans la générosité plutôt que par la violence. Il faut y rattacher le mécanisme plus original et tonique d'endettement mutuel positif, lorsque différents protagonistes se croyant, à tort ou à raison, en retard de don par rapport aux autres relèvent simultanément le niveau et la qualité de leur don, ce qui aboutit à une surenchère mutuellement profitable. Ainsi, le couple dans lequel chacun se sent endetté vis-à-vis de l'autre, verra le niveau de ses dons mutuels s'accroître et ses liens se consolider, alors qu'à l'inverse le couple où chacun croit donner plus qu'il ne reçoit verra l'intensité de ses échanges se réduire de part et d'autre et risquera de se délier peu à peu, par grippage mutuel du circuit des dons. Le don-partage est une seconde forme assez évidente qui répond à une demande ou un besoin, explicite ou non. Et bien sûr il y a le don inspiré par les religions, dont la caractéristique notable est d'être soumis en permanence à une triple exigence : d'intériorisation d'abord, de radicalisation ensuite et d'universalisation enfin, comme en témoignent la plupart des grandes religions. En outre, l'on ne donne pas seulement aux hommes et femmes de sa génération qui peuvent d'ailleurs eux-mêmes être proches ou lointains (l'impôt, de ce point de vue, peut être considéré comme une forme de don s'il est consenti de bonne grâce) ; on donne aussi aux générations qui précèdent ou qui suivent. Et aussi aux dieux, aux valeurs et à ce qui les symbolisent.

Ainsi, par bien des aspects, le donner-recevoir-rendre est à la société ce que l'inconscient est à l'individu. Nous avons à le reconnaître, ce qui n'est pas si agréable que cela et remet en cause une certaine conception moderne de l'autonomie et de l'autosuffisance. Pour une bonne part de notre existence, peut-être pour la totalité, nous n'existons que par et pour les autres. Nous sommes, là encore, aux antipodes de la pensée borgne.

Non pas, bien entendu, que le donner-recevoir-rendre constitue à lui tout seul la société. Ce serait passer d'un extrême à l'autre. Il y a l'inverse : prendre-refuser-garder. Ce symétrique négatif du don, s'il fonctionne à l'état pur provoque la déliaison sociale. Il fonctionne, comme le don lui-même, de façon plus ou moins tempérée, plus ou moins vive : le fonctionnement de l'économie de marché en fournit un bon exemple. Celle-ci a socialisé le prendre-refuser-garder : prendre des parts de marché et des bénéfices (plutôt que prendre par la contrainte), refuser la dépendance vis-à-vis d'autrui (pour ne rien lui devoir), garder ce que l'on a gagné (et que l'on n'a donc pas à rendre ou à redistribuer). Le risque est que ces mécanismes froids évincent peu à peu la chaleur et la fécondité du don anthropologique.

Le rehaussement du lien social dans notre société passe donc par une prise de conscience de l'importance du donner-recevoir-rendre dans les relations interpersonnelles, dans la construction de la personne, et dans la vie collective. En ce qui concerne cette dernière, on peut mettre en avant quatre apports possibles :

• Ceux qui se battent contre la société de marché ne peuvent faire l'économie d'une intégration du don anthropologique dans leur réflexion. Celui-ci apparaît comme le « tiers paradigme » introuvable auquel nous aspirons tous, à mi-chemin tant de l'individualisme utilitariste, triste et désenchanté, que des visions « holistes » où l'individu n'est que le produit de la totalité sociale qui l'entoure ; il fournit une réponse au besoin moderne de lien social, en évitant ces deux excès qui s'attirent l'un l'autre, celui de l'individualisme autarcique forcené et celui de son frère ennemi le communautarisme, avec tous ses risques et déviances sectaires. Le don anthropologique revisité par la modernité peut permettre aux individus libres de nouer des liens de société et de communauté sans tomber dans le communautaire.

• Ceux qui luttent contre l'exclusion savent bien que l'intégration dans la société ne repose pas seulement sur la disposition d'un travail et d'un logement ; elle suppose aussi la participation au circuit des dons. Pouvoir donner, pouvoir recevoir, pouvoir rendre, c'est exister aux yeux d'autrui, c'est avoir une valeur et une utilité, c'est accéder à une autonomie, et à une certaine égalité. C'est une condition de la citoyenneté sociale et cela mériterait d'être posé comme tel. Cela redonnerait des arguments pour développer les possibilités d'expression aux personnes en situation d'exclusion : redonner la parole aux sans-parole, bien la recevoir seraient un bon moyen de leur rendre toutes leurs chances dans la société.

• Les actions proprement dites de lutte contre l'exclusion devraient bien s'intéresser aux conditions concrètes d'application de ce beau et subtil principe d'« inconditionnalité conditionnelle », tout d'exécution, qu'Alain Caillé propose d'appliquer aux politiques d'aide aux personnes en difficulté. Cela permettrait notamment de régler des questions qui ont été posées dans le RMI ou le RSA concernant le degré de conditionnalité des politiques d'aide. L'obligation d'aider est en effet inconditionnelle, mais les formes de l'aide, de sa durée peuvent varier et résultent en partie de la façon de recevoir et de rendre. Un don mal reçu, ou capté, ne donnant jamais lieu à contre-don est naturellement amené à s'interrompre, tout simplement parce qu'il n'a pas créé de lien.

• Enfin, l'anthropologie du don peut aider à cette redistribution des relations entre religion et société que la question du sens impose nécessairement. Cela implique que l'on sorte du quiproquo et que les religions revoient leur propre rapport avec le don : elles ont tendance à s'en attribuer le monopole tout en le confinant dans une vision désintéressée, voire éthérée. Il s'agirait pour elles d'admettre tout d'abord que donner-recevoir-rendre est naturel, concerne tous les hommes, religieux ou non, et qu'il est essentiel au bon fonctionnement social. Il s'agirait ensuite d'admettre que leur vision du don sacrificiel doit sortir de la gangue d'utilitarisme et d'intérêt dans laquelle elle a souvent été engluée, comme l'ont montré les travaux de René Girard. Une fois ce délicat dépouillement effectué (en parfaite conformité avec la tradition mystique, soulignons-le), il s'agirait de mettre en avant une vision du don véritablement désintéressé, coparticipation à la création divine, lié à un travail personnel d'intériorisation, à un effort éthique de radicalisation et à un message social d'universalisation. Le don anthropologique est essentiel pour que la société fonctionne. Le don inspiré et désintéressé nécessaire pour que la société s'élève. Voilà une possible répartition des tâches où chacun peut jouer son rôle.

Tissu relationnel et capital social

L'existence d'un réseau relationnel dense n'est pas seulement un atout pour la personne ; il constitue aussi une force pour la collectivité. Le sociologue américain Robert Putman a bâti sur ce sujet une théorie du « capital social » qui mérite attention. Son œuvre n'étant pas traduite en français, j'emprunte les développements qui suivent à l'analyse qu'Antoine Bevort fait du dernier livre de cet auteur [10] dans la

10. Robert Putman, *Bowling Alone. The Collapse and Revival of American Community*, Simon and Schuster, 2000.

Revue française de science politique : « Les réseaux sociaux reposent sur des obligations mutuelles, ils ne sont pas simplement des contacts. Ils produisent une réciprocité spécifique – “Je fais cela pour toi et tu me le rends” – et, surtout, une réciprocité générale – “Je fais cela pour toi sans attendre de ta part une contrepartie immédiate, mais je suis confiant qu'à l'occasion, quelqu'un me le rendra”. » Selon Putman, « une société caractérisée par la réciprocité généralisée est plus efficiente qu'une société méfiante, de la même façon que la monnaie est plus efficiente que le troc ».

Robert Putman, toujours selon A. Bevort, distingue les liens « ouverts » (*bridging*, qui font le pont) des liens « fermés » (*bonding*, qui unissent des égaux). Les liens entre personnes évoluant dans des cercles différents sont plus utiles que les liens forts qui relient aux proches. Les liens forts sont bons pour se ressourcer, se réconforter (*getting by*), les liens faibles sont utiles pour avancer, évoluer (*getting ahead*). Le capital social qui unit (*bonding*) agit comme une « colle » sociologique, le capital qui relie (*bridging*) agit comme un « lubrifiant » sociologique.

Putman établit la réalité du déclin simultané de l'engagement civique et du capital social aux États-Unis, et s'interroge sur ses causes : le changement des comportements des générations lui paraît le facteur dominant, auquel s'ajoute la pression du temps et de l'argent, l'étalement urbain, et les loisirs électroniques. Il analyse ensuite les conséquences de cette situation en termes de civisme (notamment fiscal), de démocratie et d'action collective, de sécurité, notamment dans les quartiers difficiles, de santé et bien-être individuels. En faisant prendre conscience des multiples façons dont nos sorts sont liés, le capital social graisse les rapports sociaux et facilite une évolution en douceur des communautés. Sans nostalgie passéiste, il plaide pour une nouvelle ère d'inventivité civique. Celle-ci devrait porter sur l'éducation à la participation, sur une transformation de l'organisation du travail qui favoriserait les relations sociales dans le travail, sur un urbanisme favorisant les relations de voisinage, sur un réveil des communautés spirituelles, sur un développement des formes de communication électroniques qui favorisent l'engagement de tous et sur les activités culturelles auxquelles on ne se contente pas d'assister.

La leçon de tout cela est claire : le capital social est aussi important que le capital productif. Il ne sert à rien d'accumuler le second si cela conduit à dégrader le premier. Il faut en permanence trouver un équilibre. Ce doit être un objectif politique, au même titre que la croissance économique. Le capital social est un bien collectif qui favorise d'ailleurs la mise en œuvre des politiques publiques et en accroît l'efficacité [11]. Le gouvernement ne peut donc se contenter de bien faire fonctionner le marché et de mettre en place des institutions sociales qui minimisent les risques. Il doit s'intéresser aussi aux systèmes relationnels qui unissent l'ensemble. Voilà pour lui une tâche bien nouvelle, à laquelle il est peu préparé – sauf au niveau local où les élus en ont souvent une conscience claire – et que les médias encouragent peu. Voilà qui conduit à un mode d'exercice différent du pouvoir : le pouvoir comme service, comme lieu du donner (un mandat), du recevoir (une mission) et du rendre (des comptes), plutôt que comme conquête où il s'agit de prendre (le poste), de refuser (le dialogue, le compte rendu) ou de garder (les honneurs).

11. Le livre précédent de R. Putman, *Making Democracy Work Civic Tradition in Italy*, a été consacré à ce sujet, à partir d'une analyse de l'expérience italienne (*cf.* l'article précité d'Antoine Bevort dans la *Revue française de science politique*, n° 2, 1997).

L'activité relationnelle

Comment reconstituer ou renouveler le capital social, avec quels moyens ? R. Putman en évoque un certain nombre. La notion d'activité relationnelle peut nous aider à progresser.

Telle est bien l'appellation qu'il faut donner à ce qui n'est ni repos, loisir, détente, simple conversation entre amis, d'une part, ni travail proprement dit, avec ses normes, sa rigueur, son obligation (y compris le travail domestique), d'autre part, mais activité choisie, poursuivant un but avec d'autres, impliquant l'effort selon un rythme approprié aux possibilités de chacun : assister à un colloque, lire un livre difficile mais enrichissant, participer à une action associative, s'engager dans l'action politique militante, s'adonner à des compétitions sportives, organiser des dîners ou des excursions sont des illustrations de cette situation où à l'évidence du capital social est mis en jeu, de la confiance et de la réciprocité se créent, tandis que la personne joue une part de son développement personnel. L'activité relationnelle, soigneusement distinguée du travail productif, a donc un rôle important à jouer. Elle doit être valorisée, et non réduite à la portion congrue. Ce n'est pas un simple sas de décompression. C'est bien autre chose. Or, à cet égard, rien n'est joué.

Il est possible, en effet, qu'émerge, après le secteur tertiaire, un secteur quaternaire qui, selon Roger Sue[12], prendrait en charge ce type d'activité. Plus précisément, pour Roger Sue, le secteur quaternaire a trois fonctions : produire des compétences, tout au long de la vie ; répondre

12. Roger Sue, *La Richesse des hommes. Vers l'économie quaternaire*, Odile Jacob, 1997.

au souci de soi, sous toutes ses formes (le corps, la psyché, le développement personnel) ; détecter la demande sociale et l'aider à se formuler et à se satisfaire. Le recoupement avec l'activité relationnelle, sans être complet, est, on le voit, important. Cette notion de secteur quaternaire a le grand mérite de faire apparaître le gisement des besoins auxquels il faudra répondre, à la fois pour que le développement économique se poursuive et pour que les dimensions diverses de la personne soient mieux prises en compte.

Mais s'agit-il de développement économique ou de développement humain ? Cette production de l'humain, en quelque sorte, se fera-t-elle sous l'empire et l'emprise du marché, sous celle du secteur public et de l'État, ou sous celle du bénévolat et du volontariat ? Ou par la combinaison de ces trois types de ressources dans le cadre de l'économie solidaire ? Ou encore par le jeu combiné et plus ou moins concurrentiel de ces quatre formules ?

Une chose est sûre en tout cas : c'est la formule associative ou coopérative qui, pour répondre à ces besoins, assure le mieux l'équilibre de l'activité relationnelle, où aucun de ces deux termes n'est sacrifié à l'autre : l'activité se déroule selon un but, un objectif, mais ce but ne doit pas être obtenu aux dépens de la relation, ni l'intérêt de celle-ci hypothéquer l'objectif visé. Cela ne veut pas dire qu'il n'y a pas tension entre ces deux impératifs, et qui dit tension dit nécessairement déviation ; mais le but de l'association ou de la coopération est de prendre en charge cette tension et de la résorber dans la mesure du possible. Reposant sur le principe de libre adhésion – et non sur le principe de nécessité comme le travail –, l'association perd rapidement de sa capacité d'attraction si elle dévie du côté de la production ou du côté de la relation. Elle est donc le support naturel de l'activité relationnelle et doit être valorisée comme telle. Elle est la formule juridique d'une démocratie moderne, soucieuse de lien social, et répudiant aussi bien l'individualisme que le communautarisme. Il ne s'agit donc pas tant aujourd'hui de commémorer la loi qui l'a vue naître chez nous il y a un siècle que de la promouvoir vigoureusement comme un élément essentiel de la vie sociale.

Le temps spirituel

C'est le plus nécessaire, le plus important et le plus menacé. Nécessaire car les représentations spirituelles et éthiques ne sont plus présentes et disponibles à l'état naturel, mais sont à conquérir par chacun selon les formes qui lui conviennent ; car le lien social n'est plus aussi stable, et les ruptures de vie plus fréquentes, qu'elles soient économiques ou sociales, en sorte qu'il y a intérêt, si c'est possible, à renforcer l'« homme intérieur [13] » avant, plutôt que pendant ou après ces ruptures. Important, car il est essentiel à la constitution de la personne, à son identité. Mais menacé par la production sans cesse croissante de divertissements en tous genres, par le scepticisme général, par l'esprit de dérision ou de lucre.

C'est, dira-t-on, affaire individuelle. Sans doute et prioritairement. Encore faut-il le reconnaître, le dire, le mettre en valeur. Il y a une certaine démission à laisser implicite, purement privée, une dimension aussi importante de la personne. Et de ne pas lui donner ce minimum de grammaire que les traditions spirituelles ont su forger. Chacun, en la matière, a besoin de trouver son chemin, de se doter d'un minimum de règles de vie conformes à son tempérament :

13. Marie-Madeleine Davy, *L'Homme intérieur et ses métamorphoses*, Desclée de Brouwer, 1997.

travail sur soi quotidien, régulier et ordonné pour les uns, prises régulières de distance dans un lieu isolé pour d'autres. Cela suppose de chercher sa voie, d'expérimenter, d'inventer. Pour certains, c'est un travail prioritairement solitaire, pour d'autres, un rattachement à une communauté est nécessaire, pour d'autres enfin, ce sont des liens souples qui s'avéreront les plus favorables. Mais tout cela implique recherches, tâtonnements, cheminement spirituel qui devraient être considérés comme une part essentielle et normale de la vie.

Cela suppose donc une certaine forme d'organisation et d'attention collective. Il ne suffit pas, il ne suffit plus de renvoyer ces exigences au temps libre. Les formes de dévolution du temps libre sont essentielles et vont plus ou moins faciliter l'accès à ce temps spirituel qui est si personnel, si différent d'un individu à l'autre, si peu anonyme. Il est donc absolument essentiel que le temps libre soit choisi et non subi. À cet égard, le droit au temps choisi apparaît comme un véritable principe spirituel en laïcité, et sa négation une négation du droit à faciliter le cheminement spirituel de chacun. De même, il importe de maintenir des espaces sociaux à l'écart de l'emprise économique, comme le dimanche, ou de respecter les pratiques collectives qui aboutissent aux mêmes résultats (sabbat, carême, ramadan). La formation permanente tout au long de la vie doit également s'ouvrir délibérément au besoin de culture personnelle du sens et ne pas être confinée au strict entretien des capacités professionnelles. On pourrait même aller jusqu'à la formulation d'une sorte de droit à l'accompagnement spirituel lorsqu'une personne est confrontée à un ensemble de difficultés qui la dépassent : à vrai dire, les frontières sont extrêmement floues entre accompagnement social, traitement psychologique, psychanalyse et soutien spirituel, et cela aussi bien pour les personnes en situation d'exclusion que pour celles qui sont, apparemment, bien incluses dans la société. D'où d'ailleurs la prolifération des stages de développement personnel. D'où la nécessité pour les Églises de retrouver une fonction dans la démocratie et dans la laïcité, ce qui suppose qu'elles se soient elles-mêmes réconciliées en profondeur avec la démocratie.

CHAPITRE 3

Abondance solidaire, abondance frugale

À ce stade, on ressent la nécessité de disposer d'un concept opératoire qui convertisse l'économie en l'humanisant, qui fasse sens et permette de sortir par le haut des multiples pensées borgnes qui balisent le chemin ; un concept qui légitime mais en même temps contienne le désir de pouvoir de l'homme sur la nature, sur les choses et sur lui-même, et qui assure cet équilibre des temps individuels et sociaux dont il vient d'être question. Par éliminations successives, on est assez logiquement conduit à avancer la notion d'abondance frugale, déjà évoquée très brièvement dans *La Révolution du temps choisi*. La réunion de ces deux termes apparemment contradictoires constitue un principe d'équilibre, non statique, permettant d'orienter l'avenir et la création d'un futur ; un principe valable pour l'individu comme pour la collectivité, et cela aussi bien aux niveaux local, national que mondial.

Fallacieuse abondance libérale

Notre société vise, implicitement ou non, l'abondance pour tous, l'abondance étant assimilée à la richesse, et la richesse à l'argent. Peu discutée ou travaillée, donc livrée à elle-même sans frein ni régulation, cette notion risque d'être une supercherie, voire une dangereuse utopie, cela pour trois raisons au moins.

Au plan individuel tout d'abord, le désir légitime de s'enrichir ne peut être infini et doit, à un moment ou un autre trouver ses limites. Il est en effet extrêmement difficile de disposer simultanément des composantes matérielles, relationnelles et spirituelles de la richesse. La tension vers une richesse matérielle toujours plus élevée dégénère vite en avarice, en captation, en dépendance et nuit aux deux autres formes de l'abondance : les relations avec autrui deviennent méfiantes, intéressées, manipulées ; quant à la spiritualité, elle est nécessairement confinée aux marges, alors qu'elle devrait être première ou se situer au moins à un niveau équivalent. Là où la richesse relationnelle et spirituelle est recherchée en priorité, la richesse matérielle sera nécessairement seconde et devra accepter diverses remises en cause ou, au minimum, un certain plafonnement. Un excès d'abondance dans l'une des formes de la richesse entraînera presque automatiquement une dégradation dans les autres. Les soi-disant abondances ont toutes leur misère cachée, leurs pauvretés, inconscientes ou invisibles. Pour être plénitude, l'abondance doit éviter que l'une de ses formes prenne trop le pas sur les autres. Elle doit les réguler entre elles, et leur imposer des limites, donc une certaine frugalité.

En second lieu, une certaine conception de l'abondance matérielle jamais satisfaite relance en permanence la course aux inégalités. Le mythe du « toujours plus » conduit à offrir sans cesse de nouveaux biens, dont l'utilité n'est pas fondamentalement démontrée, donc à élargir sans cesse la notion même d'abondance : il y a ceux qui sont à la pointe, qui donnent l'image de l'abondance du moment et ceux qui s'efforcent de rattraper leur retard, parmi lesquels certains y arrivent et d'autres pas. C'est une course-poursuite sans fin. Rien ne prouve que cette course va s'effectuer avec un niveau d'inégalités à peu près maîtrisé, avec un peloton étiré mais compact. Le souci d'optimiser la croissance peut conduire, par exemple, à réduire le niveau des prélèvements obligatoires et des prestations des services publics fondamentaux (éducation, santé), l'abondance des biens privés s'opérant aux dépens des biens collectifs publics qui sont essentiels pour corriger les inégalités. Le souci d'assurer le plein-emploi peut conduire, comme aux États-Unis avant l'ère Clinton, à geler la rémunération du travail peu qualifié. L'abondance peut être plus ou moins égalitaire, mais elle perd sa raison d'être si elle est fondamentalement inégalitaire. Les conditions dans lesquelles elle se distribue, se redistribue ou se partage sont aussi importantes que son niveau. Elle ne suffit pas comme critère de bien-être collectif.

Enfin, à l'ère de la mondialisation, une vision naïve de l'abondance s'effondre face aux limites écologiques de la croissance : qui peut croire sérieusement que le niveau de consommation d'énergie et de production de gaz à effet de serre des pays développés puisse être étendu sans dommage à l'ensemble de la planète sans provoquer des catastrophes climatiques ou écologiques irréversibles et dramatiques ? Or c'est bien l'un des buts affichés de la globalisation et de la libéralisation des échanges internationaux que de permettre, progressivement, à chaque pays de prendre sa part de croissance. On le voit bien : ou le but affiché n'en est pas un et c'est une illusion, sincère ou hypocrite. Ou le but est bien réel, et il implique moins d'inégalités dans la répartition de la croissance mondiale, et une distribution équitable des permis de polluer, mais c'est alors d'une autre croissance, d'un autre développement, d'un autre projet d'abondance qu'il s'agit, d'une abondance sûrement plus solidaire et plus sobre. Car si l'on se contente des mécanismes de marché pour créer progressivement les régulations économiques nécessaires, *via* les hausses de prix dues à la rareté croissante des ressources naturelles ou environnementales, ces mécanismes ne feront que consacrer les droits à prélever ou à polluer des pays riches et bloqueront la croissance des pays pauvres. L'intervention du politique pour fixer des normes justes est inéluctable pour prendre en compte les dimensions du long terme et de l'équité.

L'abondance frugale, éthique du développement durable

Les deux notions d'abondance et de frugalité convergent nécessairement l'une vers l'autre ; elles s'appellent et se complètent. Cette coopération ne débouche pas sur un modèle, sur un système tout fait. C'est une coexistence qui doit être déclinée à tous les niveaux, avec des objectifs différents, selon des modalités variables : au niveau mondial, avec l'objectif d'égaliser les niveaux de développement tout en assurant la survie de la planète ; au niveau européen, puisque l'Europe doit inventer son mode de développement durable, en protégeant son environnement, son patrimoine, son sens de l'esthétique et de l'équilibre, son désir d'égalité et de cohésion sociale ; au niveau de chaque pays ; au niveau des différentes collectivités locales, et enfin au niveau des familles et des individus.

C'est même par cela qu'il faudrait commencer. En distinguant, parmi les besoins, ce qui est *vital*, ce qui est *nécessaire*, ce qui est *essentiel*, et ce qui est *superflu*. Ce qui est *vital* pour survivre (manger, se vêtir, se loger, se soigner) est à peu près commun à chacun, et l'on sait qu'il n'est pas assuré à tous, à ceux notamment qui n'ont pas 1 dollar par jour pour vivre, ou chez nous à ceux qui, pour cause de chômage ou d'insuffisante rémunération, rognent sur leur nourriture ou leur santé pour joindre les deux bouts. Le *nécessaire* dépend davantage des conditions de temps et de lieu, du niveau de développement atteint, du climat, des droits fondamentaux devant être assurés à chacun, du « panier » de biens et services que chacun doit en principe pouvoir se procurer grâce au salaire minimum ; il fait l'objet d'une sorte de description sociale objective, plus ou moins explicite. Ce nécessaire ne recouvre que partiellement l'*essentiel* : en effet, ce qui est jugé socialement nécessaire n'est pas essentiel pour chacun et, en revanche, la plupart d'entre nous ont des besoins essentiels, extrêmement variés, et qui n'entrent pas dans la définition usuelle du nécessaire ; ce quelque chose de plus qui donne sel et sens à la vie ; une habitude, un luxe, une esthétique, un environnement, tel ou tel bien ou objet, ou un simple besoin de compensation dû à une tension. La vraie forme de l'abondance serait que chacun puisse accéder à ce qui, pour lui, est essentiel. Cela n'a rien à voir avec le *superflu*, qui peut se définir comme ce qui n'est ni nécessaire ni essentiel, voire comme tout ce qui n'est pas essentiel et auquel on assimile, trop souvent, et à tort, l'abondance.

Par rapport à cette classification, comment opère la société moderne ? Elle s'efforce d'assurer un égal accès de chacun au nécessaire par la redistribution sociale. Et pour le reste, elle stimule le superflu, sans s'intéresser à l'essentiel, signifiant implicitement que « qui peut le plus peut le moins » et que, si l'on accumule du superflu, l'essentiel y trouvera son compte. Or, précisément, rien n'est moins sûr. La course au superflu peut faire oublier l'essentiel puis en priver, et rendre moins facile la distribution du nécessaire, voire du vital. Les conditions de la croissance, les ressorts profonds sur lesquels elle repose affectent nécessairement son contenu.

Au niveau individuel, l'éthique de l'abondance frugale invitera donc chacun à définir ce qui lui est vraiment essentiel, puis à s'efforcer de l'obtenir, tout en contrôlant et maîtrisant le superflu. La frugalité est ici la condition de la solidarité : le superflu doit être mobilisable pour autrui ou pour l'environnement et donc doit être mis en réserve ou redistribué, sous une forme ou sous une autre, sur une base volontaire ou non. À chacun de trouver sa définition de l'essentiel, qui peut être plus ou moins exigeante, plus ou moins épicurienne. À chacun de mettre fin à cette course indéterminée et indiscriminée à la consommation, à la richesse et à l'argent. À chacun de déterminer l'équilibre entre abondance et frugalité, entre épanouissement personnel et solidarité sociale, entre temps de travail et temps libre, entre consommation et épargne, entre augmentation de patrimoine et redistribution volontaire, entre redistribution en temps ou en argent. L'important est de sortir de l'indifférence, et de l'automaticité, de la non-hiérarchisation des désirs, tous placés sur le même plan et devant tous être à terme identiquement satisfaits. C'est à la conscience bien informée de chacun d'orienter sa production, sa consommation, son épargne et la redistribution.

C'est là, dira-t-on, une vision élitiste, une vision de riche : parler de maîtrise et de redistribution du superflu, alors que, dans les pays riches, beaucoup ne disposent pas du minimum vital, beaucoup vivent au-dessous du nécessaire, et plus encore de ce qui leur serait essentiel [1], c'est avoir une vision fausse de la réalité. Acceptons l'argument, mais pour pousser plus loin le raisonnement. L'éthique de l'abondance frugale n'est pas une éthique de la légitimation de la privation, mais un appel à une sagesse économique ainsi qu'à une nouvelle solidarité, inter- et intragénérationnelle. L'argument a déjà été utilisé, à tort, contre le temps choisi, assimilé à un « luxe de riche » : or ce ne sont pas les cadres supérieurs qui le pratiquent (ce qui est dommage, car cela aurait des effets redistributifs), mais plutôt les cadres moyens dans les familles où il y a deux salaires ; dans le même temps on a imposé le temps partiel aux personnes peu qualifiées (CES, caissières), et on a laissé en jachère une forte demande de temps partiel choisi qui ne peut ou n'ose s'exprimer. Contrairement aux Hollandais, et à quelques exceptions près (EDF, certaines banques), on a tout faux en France sur le sujet. Mais c'est faute d'avoir une conception juste de l'abondance frugale.

En effet, dans ce couple, c'est bien le mot abondance qui est premier et qui a préséance.

Ce qui veut dire que l'éthique de l'abondance frugale incite en premier lieu à lutter contre toutes les formes de privation qui handicapent la personne et l'empêchent d'être elle-même, à commencer par la pauvreté matérielle. Cela renvoie prioritairement à l'effort individuel (initiative, formation, promotion) et à l'organisation collective de la promotion sociale ainsi qu'à la juste répartition des fruits de la croissance et à la réduction des inégalités. Est-ce à dire pour autant que le principe de frugalité ne s'applique pas aux personnes pauvres, puisqu'elles y seraient, par force et

1. En 2006, 13 % des personnes domiciliées en France vivaient en dessous du seuil de pauvreté.

malgré elles, déjà soumises ? Ce n'est pas si simple. On constate tout d'abord que les personnes en difficulté éprouvent de violents besoins de compensation qui se traduisent souvent par des actes ou des dépenses irréfléchis. La question, ici, n'est pas de les juger, mais de savoir s'ils sont nécessaires ou essentiels, ce que seuls les intéressés peuvent évaluer. On constate ainsi, en France notamment, une explosion de la procédure de surendettement des ménages : si dans beaucoup de cas il s'agit d'un surendettement de survie, il y a aussi de nombreuses situations où un principe de modération préventif – tant d'ailleurs pour les prêteurs par trop intéressés, que pour les emprunteurs – eût évité de sérieux ennuis ultérieurs.

Il n'y a donc pas de raison pour que le contre-principe de frugalité inclus dans l'abondance ne soit pas général. Mais, pour que cette généralisation soit légitime, il faut que le devoir de frugalité, la conscience du superflu, l'option pour l'essentiel croissent avec le niveau d'abondance, qu'ils soient proportionnels ou même progressifs. Faute de quoi, évidemment, on sombre dans l'hypocrisie ou le paternalisme. Comment doit donc se décliner cette sobriété pour les classes moyennes ou pour les groupes plus favorisés, pour les 10 % de ménages qui bénéficient des plus hauts revenus notamment ? S'agit-il de gagner moins d'argent, de travailler moins, de consommer moins, d'accumuler moins, de redistribuer volontairement plus ? Là encore, à chacun de voir, de considérer ce qui lui est essentiel, ce qu'il doit à autrui, à son environnement, ce qui est possible, et ce qui ne l'est pas. L'abondance frugale s'identifie ici à l'éthique de la responsabilité. Elle n'a pas de modèle prédéfini. Elle est compatible avec l'économie de marché, elle la requiert même, mais celle-ci ne peut rien dire de son contenu. Elle coïncide avec nombre de nos pratiques empiriques, tant il est vrai que nos comportements économiques sont marqués par le choc incessant des désirs et des contraintes, et que nous gérons tous, que nous le voulions ou non, que nous le sachions ou non, des équilibres d'abondance frugale ou plutôt de frugale abondance. Mais souvent en bricolant, avec un niveau de conscience insuffisant, et en cherchant plus à surmonter les contraintes qu'à valider éthiquement nos désirs, puisque ceux-ci font l'objet d'une stimulation sans limite.

C'est qu'il ne nous est pas apparu clairement que l'abondance frugale forme un tout. C'est une double nécessité croisée dont il convient de prendre conscience.

Abondance frugale : les deux termes sont contradictoires, mais c'est leur conjonction qui est intéressante. L'abondance frugale est un oxymoron, cette figure de style qui provoque un effet poétique en organisant un choc de contrastes, choc qui fait lien parce qu'il représente un aspect de la réalité que notre esprit, qui divise pour posséder, n'avait pas bien appréhendé, telle « l'obscure clarté qui tombe des étoiles ». Appliquée au domaine qui nous occupe, l'abondance frugale valide la notion d'abondance, qui est le but logique de l'économie, puisque celle-ci vise à affranchir l'homme de la rareté, mais tout en précisant immédiatement qu'il ne s'agit pas de n'importe quelle abondance, qu'elle n'est pas elle-même affranchie de règles ou de freins, qu'elle doit être disciplinée, maîtrisée, humanisée, faute de quoi c'est une abondance fallacieuse qui se trahit elle-même. Que dit le concept d'abondance frugale en effet ? Que là où règne la misère, la pauvreté, sous toutes leurs formes (matérielles, relationnelles, spirituelles, redisons-le), il faut mettre de l'abondance. Que là ou règne une apparente abondance, là où il y a de la richesse, il y a un risque permanent d'excès, de trop-plein, de déviation, et qu'il faut compenser ce risque par de la mesure, par de la sobriété, par de l'autolimitation, par de la redistribution et du don, qu'il soit public et obligé, ou privé et libre.

Dans un tel contexte, la problématique de l'individu cherchant à se constituer en tant que sujet, et à mener une vie bonne, peut se résumer comme suit : prendre conscience des différentes pauvretés qui le handicapent et l'empêchent d'être lui-même, et s'organiser pour y remédier en procédant aux efforts nécessaires, d'une part ; détecter les richesses diverses qui créent une accoutumance, une dépendance et de ce fait l'emprisonnement, et s'efforcer ensuite de s'en libérer, d'autre part. La richesse recherchée mécaniquement selon la logique du toujours plus ne peut être assimilée à l'abondance, car cette richesse crée des pauvretés inconscientes ou invisibles. La conversion de la richesse en abondance implique une certaine frugalité. Inversement, la frugalité ne doit pas être imposée mécaniquement et indistinctement à tout le monde, car chacun a droit à sa forme particulière de luxe, voire d'excès, qui lui est essentielle ; la raison de la lutte contre la misère est évidemment, et d'abord, qu'elle est inhumaine et doit être refusée comme telle, ainsi que nous l'a enseigné, à sa façon, Joseph Wrezinski ; mais la lutte contre la pauvreté a aussi pour but de donner à chacun la possibilité d'accéder à sa part de rêve, ne serait-ce que pour en tester la solidité et mieux mesurer ensuite ce qui est essentiel pour lui. La quête de l'essentiel est fondamentale, car l'essentiel est par essence spirituel. C'est de là qu'il faut partir, en économie comme ailleurs. Le droit à l'abondance n'est pas un droit à toutes les abondances, à tous les luxes. L'abondance totale pour tous est une démagogie dans un monde où la rareté domine. Cette démagogie légitime le fait que les uns ont droit à tous les plaisirs alors que les autres sont privés de l'essentiel. Le concept mesuré d'abondance frugale est ce qui permet de répartir également (pour tous) et équitablement (en respectant les différences de chacun) la relative abondance existante. Il importe donc de revenir aux besoins essentiels, matériels, relationnels et spirituels, et mettre de l'abondance là où il y a pauvreté, et de la frugalité là où il y a fallacieuse richesse. Lutter contre les pauvretés dues à l'insuffisance de travail, au travail inintéressant, au travail mal rémunéré, au travail trop accaparant, au manque de temps pour soi ou les autres, ou encore à l'insuffisance de consommation, d'épargne ou de patrimoine. Lutter parallèlement contre un excès d'investissement dans le travail qui coupe des autres et de soi, contre une motivation trop liée au pouvoir ou à l'argent qui détourne le travail de ses finalités, contre une crispation excessive sur l'avoir aux dépens de l'être, aussi bien que contre tous les vécus du temps trop vides ou trop morts, sans relation ni profondeur. À chacun de faire le bilan, à chacun de voir ce qu'il en est, ce qu'il doit faire.

Tout cela, dira-t-on, relève de la morale privée, non de l'éthique collective. Grave et double erreur de perspective.

En effet, la séparation croissante entre morale privée et morale publique risque, à terme, de miner en profondeur la démocratie. Elle conduit à fixer, par la délibération, et à bon compte, des normes collectives exigeantes, sans que chacun se sente pour autant redevable, à son niveau, de leur mise en pratique. À la collectivité représentée par l'État, la vertu ! À chacun de nous, la liberté ! La pensée borgne devient ici schizophrène. Croit-on que l'on peut lutter en profondeur contre l'exclusion sans mobiliser toute la société (comme l'article 1er de la loi sur la prévention des exclusions le prescrit), en se reposant sur le seul État ? Peut-on, à juste titre, promouvoir le développement durable par la simple édiction de normes venues d'en haut, fussent-elles démocratiquement élaborées ? Le fait est que l'on n'a jamais vu autant de bouteilles de bière jetées partout, n'importe comment, au gré des chemins et des routes, dans le moment même où le recyclage des déchets devient progressivement obligatoire. Morale privée et morale collective ne sont certes pas superposables. Mais elles ne peuvent pas non plus fonctionner indépendamment l'une de l'autre. Elles doivent avoir un minimum de lien. Or la pensée politique contemporaine s'y intéresse fort peu : le libéralisme organise structurellement cette séparation en assimilant la morale publique à la morale de l'intérêt. Il déteint sur le socialisme démocratique, marqué plus qu'il ne veut le dire par l'utilitarisme qu'il entend perfectionner plutôt que dépasser. Privé par l'effondrement du marxisme de la réflexion sur les causes structurelles de l'aliénation, le socialisme démocratique doit approfondir ou renouveler ses sources morales et se doter d'une anthropologie plus explicite, alternative à celle de l'intérêt. Quant aux écologistes, ils hésitent manifestement à mettre en avant les conditions morales, à la fois individuelles et collectives, du développement durable, hésitant souvent entre un discours radical qui a peu de chances d'être entendu et un épicurisme baba cool sympathique mais minoritaire. C'est un des objets de la politique aujourd'hui de recréer du lien entre les vertus publiques et les vertus privées.

Le concept d'abondance frugale peut contribuer à cette réconciliation. Il peut aider à l'incarner en termes de développement humain durable. Si l'abondance frugale consiste à établir un filtre permettant de séparer l'essentiel du superflu, avec l'objectif de maîtriser, voire de résorber le superflu, c'est bien parce que ce dernier constitue un prélèvement inutile, ou irrationnel sur des biens qui seraient nécessaires à autrui, ou sur les ressources naturelles non aisément reproductibles.

En d'autres termes, le superflu est un prélèvement indu sur ces « besoins des générations actuelles et futures » que la définition canonique du développement durable entend satisfaire. On ne saurait mieux montrer en quoi l'abondance frugale est de nature à faciliter l'intériorisation des normes de cohésion sociale, de réduction des inégalités ou de durabilité écologique. Elle a pour but d'assurer la participation de chacun à la réalisation de ces trois objectifs. Cette intériorisation est essentielle. Les normes imposées de l'extérieur risquent en permanence soit de ne pas être respectées, soit de se traduire par un ralentissement de l'activité et de l'effort. Si elles sont ressenties comme légitimes, elles suscitent au contraire la créativité et l'efficacité. En ce sens, un projet partagé d'abondance frugale est une source de civisme et de reconstitution du capital social. Il favorise une meilleure acceptation des prélèvements obligatoires. Il favorise une réduction volontaire des inégalités et prépare le terrain pour la réduction collective de celles-ci. Il permet de se rapprocher de l'équilibre tant recherché entre égalité et diversité.

Une politique de l'abondance frugale est-elle possible ?

Peut-on traduire cette problématique en politique et en actions publiques ? Autrement dit, comment concrétiser cette aspiration ? Toutes les politiques d'inspiration morale se heurtent à ce type de difficulté, qui est consubstantielle à leur nature, ce qui ne les invalide pas pour autant, mais conduit à sortir des chemins battus des moyens d'exécution habituels. Dans *Vers un nouveau prophétisme* (1947), Raymond Abellio indique par exemple que ce type de politique repose sur « l'enseignement, l'influence et l'exemple ».

Essayons de préciser l'objectif : la question est de savoir si la société est axée sur un projet économique se justifiant par lui-même, ou si elle vise à permettre à chacun et à tous le choix solidaire de son abondance frugale. La question individuelle rejoint ici la question sociale. À la société donc de permettre à chacun de gérer la forme d'abondance frugale qui lui convient sans le conditionner dans un sens ni dans un autre, sinon, précisément, à chercher cet équilibre subtil et à respecter celui que les autres veulent. Voilà ce que serait une social-démocratie, un libéralisme social, qui aurait vraiment envie de rendre les gens libres et de les aider à être des personnes ; au lieu que le système actuel, quels que soient les contrepoids qu'on lui oppose, vise plus à libérer les forces et les énergies économiques que les personnes elles-mêmes, conditionnées à produire et à consommer toujours plus.

Il s'agit de modifier l'équilibre entre stoïcisme et épicurisme, tel qu'il est organisé, de manière étriquée, par la société : la peine dans le travail pour le plaisir dans la consommation. L'abondance frugale essaiera au contraire de réduire le champ de la peine au travail pour développer le plaisir ailleurs que dans la consommation. Elle mettra davantage l'accent sur le travail sur soi, sur le travail que peut constituer aussi la relation à l'autre, là où prévaut de plus en plus le règne, si mal nommé, du bon plaisir. Bref, en redistribuant les cartes entre le stoïcisme et l'épicurisme, en les détachant du couple production-consommation, elle permet à l'individu de revenir aux sources de l'un et de l'autre : le stoïcisme comme école du bien-vivre dans l'acceptation harmonieuse de ce qui est, l'épicurisme, non comme une recherche débridée de plaisirs, mais comme une règle de sagesse et de mesure, le plaisir étant trop important pour pouvoir être dissipé.

L'abondance frugale est un principe multidimensionnel : individuel et collectif, école de sagesse et d'équilibre, forme nouvelle de solidarité. On pourrait aussi parler de principe esthétique : la beauté est presque toujours caractérisée par une luxuriance maîtrisée, par la créativité et l'imagination encadrées par la pureté et la simplicité de la ligne et de la courbe. Ce qui est en cause, c'est un nouveau principe de richesse, de richesse élargie, qui relativise le rôle de l'argent. L'abondance frugale s'intègre dans toutes les recherches qui visent à renouveler les indicateurs monétaires habituels dont on connaît les limites (la valeur du produit intérieur brut est indifférente à la valeur objective des biens, l'essence dépensée dans les embouteillages ayant la même valeur que celle utilisée pour se rendre d'un point à l'autre)[2].

On aurait besoin d'une image, d'une description plus précise, d'une représentation de l'abondance frugale. Celle-ci n'est ni l'enfer – ce n'est ni une souffrance ni une punition – ni le paradis où tous les désirs sont satisfaits ; elle prend en compte les limites de la condition humaine, qu'elle cherche à dépasser (abondance) sans outrepasser (frugalité). Elle pourrait être la trace d'une idée d'harmonie, de Royaume, déposée en nous. Elle est à la fois une résistance, une régulation et une utopie. C'est un équilibre asymptotique, à géométrie variable. C'est peut-être l'image du jardin qui conviendrait le mieux, car il rassemble la fertilité et l'imagination, mais aussi l'ordre, la rigueur, un minimum d'économie de moyens pour laisser place à l'espace, à la rêverie et à l'imagination. À chacun d'imaginer ce que ces deux termes réunis évoquent pour lui, un refuge en montagne, une maison vraiment habitée, une chambre d'enfant endormi que ses parents ont rangée avec amour pour que l'harmonie préside à son sommeil…

On peut imaginer successivement plusieurs stades progressifs d'imprégnation de cette valeur d'abondance frugale mise au service du développement durable :

---

2. Sur tous ces points, voir les réflexions sur les indicateurs de développement humain dans les rapports annuels du PNUD, les livres de B. Perret (*Les Nouvelles Frontières de l'argent*, Le Seuil, 1999), de D. Meda (*Qu'est-ce que la richesse ?*, Flammarion, 2000), et de Patrick Viveret (*Reconsidérer la richesse*, Édition de l'Aube, 2003). Voir également le rapport Stiglitz.

• La prise de conscience de la double nécessité, complémentaire et contradictoire, de cet antagonisme fécond, qui renvoie elle-même à une certaine philosophie de la nature et de la vie [3].

• La diffusion de bonnes pratiques qu'il conviendrait d'évaluer et de recenser, et l'exemplarité des comportements, étant admis que l'exemple vient de haut, et qu'il semble bien qu'il y ait fort à faire en la matière ; mais que des engagements éthiques concrets peuvent cependant être pris et réalisés par des personnes ou par des groupes.

• L'influence progressive sur les comportements, sur les usages sociaux de tout ce qui précède, qui se traduit en habitudes de vie, en civisme, en une hygiène collective du développement durable.

Quels équilibres collectifs reconstituer ?

L'insistance sur les comportements et sur ce qui les fonde ne signifie nullement un désintérêt pour les formes plus classiques, d'ordre réglementaire ou financier, de l'action publique. Ces deux volets de l'action doivent être mis rigoureusement sur le même plan.

Aujourd'hui, le fonctionnement économique privilégie trop les besoins matériels au détriment des besoins relationnels et spirituels des générations actuelles et au détriment de l'ensemble des besoins des générations futures, et

---

3. Peuvent être ici invoqués, notamment, mais sûrement pas exhaustivement, comme sources, la philosophie du Tao et du Yi-King, Nicolas de Cues (*La Docte Ignorance*, Alcan, 1930), les travaux d'Antoine Faivre (*La Philosophie de la nature*, Albin Michel, 1996), les réflexions de Raymond Abellio (*La Structure absolue*, Gallimard, 1964), les suites que le mouvement de la transdisciplinarité entend leur donner (Basarab Nicolescu, *La Transdisciplinarité*, Éditions du Rocher, 1996).

c'est pour cette raison qu'il les satisfait mal. L'excès a toujours un coût. Mais la machine est lancée, et l'ampleur des rééquilibrages à opérer n'est pas mince. Ce sont autant de combats à mener. Il n'est pas inutile de les identifier :

• *Donner plus de place à l'échange et au don anthropologique par rapport à la logique dominante de la puissance et de l'argent* : le marché doit être régulé et ne pas laisser place à un capitalisme sauvage ; les institutions qui favorisent ces régulations doivent être selon les cas confortées, améliorées ou créées à tous les niveaux (local, national, européen, mondial) ; les effets de la technologie doivent être plus systématiquement évalués quant à leurs impacts sur la cohésion sociale et sur l'environnement ; des plages importantes de la vie sociale ne doivent pas pouvoir faire l'objet de commerce ; l'individu enfin doit pouvoir se retirer du marché et a droit à ne pas être (trop) englobé par lui (c'est notamment le but du temps choisi et de la reconnaissance des activités d'utilité sociale).

• *Rééquilibrer la place respective du travail et du capital* qui s'est déformée à l'excès au profit du second. Globalement, la part des salaires dans la valeur ajoutée ne doit plus se réduire et le travail doit être moins taxé, à l'inverse du capital physique, financier ou naturel. Au niveau mondial, un principe de taxation minimum doit être posé et les paradis fiscaux progressivement éliminés ; une retenue à la source sur les revenus du capital doit être instituée dans l'Union européenne ; les cotisations sociales pesant sur les salaires versés par les entreprises doivent être allégées pour favoriser l'embauche des personnes faiblement qualifiées et remplacées par une taxation sur les revenus globaux des ménages (revenus financiers compris), ou sur le patrimoine naturel.

• *Favoriser le développement des temps d'activité conviviaux par rapport aux temps productifs stricto sensu*, en élargissant la gamme des choix individuels collectivement organisés. C'est, là encore, un des enjeux des politiques du temps et du temps choisi. Il faut inclure le temps dans la gamme des possibilités du « déversement » rendu nécessaire par les gains de productivité : au lieu que ceux-ci soient automatiquement transformés en production de biens ou services supplémentaires, avec des difficultés croissantes, ils doivent pouvoir également, au choix des individus, se transformer en temps libre, ce temps étant d'autant plus porteur d'initiatives, de lien social et de sens qu'il est choisi.

• L'ensemble de ces rééquilibrages doit favoriser *une moindre tension entre technique et nature*, puisqu'ils encouragent la recherche de *modes de vie* plus harmonieux, là où la technique privilégie, sans discernement, l'élévation du *niveau de vie*. Mais ceci doit être prolongé par la recherche d'une répartition plus équitable des charges entre les générations : celle qui est arrivée à l'âge adulte dans les années 1980 aura connu le chômage, les difficultés de la promotion sociale, puis supportera le coût croissant des retraites d'une génération qui aura bénéficié, tout au contraire, du plein-emploi et de l'enrichissement général. Quant au patrimoine naturel, il mérite une attention croissante, bien au-delà de ce qui a été fait jusqu'ici. Enfin, on aurait tort d'oublier que le but d'un développement sensé est de produire des valeurs esthétiques et symboliques et que ce qui peut apparaître comme gratuit n'est pas moins essentiel que ce qui relève de l'utilité.

• Reconstituer *la juste tension entre l'individu, les corps intermédiaires et la collectivité*. La société standardisée de masse, animée par de grandes idéologies, a laissé place à une société individualiste et hétérogène. L'individu est roi mais gouverne de moins en moins son destin : montée simultanée de l'exclusion et de l'exploitation, opacité sociale croissante, illisibilité des réformes et des politiques, développement de conflits localisés et anomiques exprimant des résistances plus que des projets, difficulté des syndicats à assumer la tertiarisation hors du secteur public, faible reconnaissance du mouvement associatif, difficulté pour l'État à animer l'ensemble en trouvant le ton juste. Tous ces phénomènes traduisent une mauvaise articulation entre l'État – qui doit à la fois réaffirmer son rôle d'impulsion et de cohésion et moderniser ses méthodes pour produire les biens collectifs dont il a la charge avec une meilleure productivité –, les corps intermédiaires – qui doivent être à la fois confortés (syndicats), valorisés (le mouvement associatif, porteur du lien social de demain) ou réformés (nos collectivités territoriales, trop nombreuses et trop stratifiées) – et l'individu – qui n'est pas seulement titulaire de droits mais aussi de devoirs, notamment d'initiative et de solidarité.

• Unir plus étroitement *la force et le projet dans les combats sociaux*. Parce qu'il s'appuyait sur des idéologies simples et robustes, marxisme ou démocratie industrielle, le syndicalisme a visé principalement à établir des rapports de forces pour faire avancer les idées et les intérêts dont il était porteur. Aujourd'hui, on ne peut plus raisonner seulement de cette façon. Il y a besoin de projets cohérents pour lire les réformes, les appuyer ou les contester selon les cas. Faute de quoi, la force n'est plus que résistance et favorise sans le vouloir un immobilisme qui n'est plus suffisamment porteur d'avenir.

Ces six actions de rééquilibrage nécessitent du temps et des moyens. Elles requièrent la conjonction d'une volonté politique claire, engagée, sans esprit de retour, et d'une réelle ingéniosité sociale dans la mise en œuvre.

CHAPITRE 4

Résistance, régulation, utopie [1]

Quelles sont aujourd'hui les conditions politiques du changement ? Comment le système politique peut-il contribuer à redonner du sens à l'économie ? Face à la mondialisation, à la puissance de la technologie, à la violence du marché, et à l'alliance des actionnaires et des consommateurs pour produire toujours plus et moins cher, fût-ce aux dépens des travailleurs, comment redonner son efficacité à l'action collective ? Sur quoi doit-elle s'appuyer ? Sur les idéologies ? Mais on en a vu et on en voit les insuffisances. Sur des luttes désordonnées contre la mondialisation ? Mais pour quel projet ? Sur de nouvelles coalitions ou alliances politiques ? Mais lesquelles ? Et si, plus simplement, il suffisait de travailler sur les trois principales cultures politiques que l'histoire nous a léguées, qui se vivent comme antagonistes alors qu'elles sont complémentaires, qui sont elles-mêmes en correspondance, sans le savoir, avec les principales cultures spirituelles, la tradition chrétienne en particulier, à savoir : la culture de la résistance, la culture de

1. Ce chapitre, déjà publié en 2002, est reproduit en l'état et ne tient par conséquent pas compte des évolutions politiques intervenues depuis lors.

la régulation et la culture de l'utopie ? Voilà ce qu'il nous faut maintenant démontrer.

Limites des idéologies : démocratie, libéralisme, marxisme

L'expérience historique met en valeur un curieux paradoxe : les idéologies sont susceptibles de provoquer d'importants changements dans la société, mais incapables de conduire à leur terme les projets qu'elles proposent.

Qu'on en juge : la démocratie a révolutionné la société d'Ancien Régime, en établissant les règles et les procédures de l'égalité et de la liberté là où régnaient la hiérarchie et l'autorité ; mais pour autant la réalisation concrète de la démocratie s'avère une tâche extrêmement difficile et laborieuse, voire utopique, car elle est toujours menacée par l'inégalité, l'exclusion, l'exploitation, la précarité, la pauvreté et la misère. Le libéralisme économique, l'économie de marché, reposant sur l'intérêt et le profit, s'avèrent un puissant moteur de progrès économique, mais ils ont besoin, pour fonctionner, de biens collectifs (infrastructures, éducation, santé) qui doivent être produits autrement ; ils ont du mal à répartir équitablement ce qu'ils produisent, et ils sont insuffisamment réactifs à l'égard des menaces environnementales.

Quant au marxisme, son extraordinaire succès suivi de son effondrement mérite une attention particulière. Dans les années 1960, la conviction était générale que le communisme avait de fortes chances de progresser, peu à peu, dans le monde, les uns le redoutant et s'organisant en conséquence, avec succès d'ailleurs, les autres le souhaitant et militant en ce sens. Sur le plan intellectuel, ne pas admettre la supériorité du marxisme, ou même simplement émettre des doutes à son égard ou fixer des limites au champ de validité de ses thèses, était une preuve manifeste d'aliénation. Cette pensée unique-là était autrement plus terroriste que l'actuelle. Trente ans après, le contraste est total : le marxisme n'existe pratiquement plus, le communisme s'est effondré, sauf en Chine où il n'est plus qu'un régime politique disjoint d'une économie de plus en plus dominée par le marché. C'est presque comme si le communisme n'avait jamais existé. Extraordinaire, cette aptitude des sociétés à passer d'un extrême à l'autre, leur capacité de conformisme et de soumission aux déterminismes du moment, leur faculté d'oubli, d'enfouissement du passé dans l'inconscient collectif !

On a tort pourtant de ne pas faire l'inventaire de cette période et de se limiter à une réflexion sur le totalitarisme. Car c'est passer un peu vite sur l'échec du communisme : celui-ci était-il fatal ? Une évolution vers le pluralisme politique et vers une économie publique concurrentielle de marché n'était pas en soi inenvisageable. Elle aurait pu, si elle avait été mise en œuvre à temps, donner un cours différent à ce qui est advenu : le saut brutal dans l'économie de marché, qui réussit bien, comme en Pologne, si la culture du marché est présente, ou la dérive en mafia, comme en Russie, dans le cas contraire ; ou encore le contournement par le marché des appareils étatiques en place, et qui entendent bien le rester comme en Chine. C'est passer vite aussi sur l'extraordinaire dévouement militant auquel le communisme a donné lieu, et sur la blessure profonde qu'a laissée sa disparition, sur le nécessaire travail de deuil qu'il implique pour ceux qui y ont cru. C'est passer trop vite enfin sur sa part de vérité : l'ampleur des conditionnements matériels, les conflits d'intérêts et de classes, la nécessité d'une organisation puissante pour égaliser les conditions de vie. En d'autres termes, la critique nécessaire du totalitarisme marxiste ne doit pas être aveugle, ni faire l'économie de sa propre critique. Le devoir de mémoire à l'égard des victimes du marxisme et de ses méfaits est aussi un devoir d'inventaire de ce qu'il a apporté, de ce qu'il peut encore apporter, et des raisons pour lesquelles il a échoué.

L'analyse que je propose sur ce point est la suivante : le marxisme apparaît comme un messianisme matérialiste à vocation humaniste, et c'est cet étrange cocktail qui a fait sa force et sa faiblesse. Que le marxisme soit un messianisme, son souci de faire émerger un monde radicalement autre et désaliéné, ainsi que le type d'énergies sociales et spirituelles qu'il a mobilisé le montrent. Évidemment, le terme même de messianisme est récusé par les tenants de la doctrine, car celle-ci repose sur une dialectique matérialiste présentée comme objective et scientifique, récusant le religieux. La mise en route de cette dialectique doit conduire en théorie à un humanisme, par élimination des structures qui aliènent l'homme, sans d'ailleurs que les raisons qui font que de la matière émerge de l'humain soient jamais précisées. Tant il est vrai que le marxisme repose sur un grand vide métaphysique.

De tout cela, le marxisme-léninisme a fait une idéologie, c'est-à-dire un système, et une machine, à transformer la société ; c'est, d'une certaine façon, l'idéologie type : une philosophie (le matérialisme dialectique), une tactique (la lutte des classes), une stratégie (la dictature du prolétariat), un projet (la collectivisation des biens de production), une organisation au service de l'ensemble (le parti et le syndicat). Des mots d'ordre simples, des actions concrètes, une réelle puissance d'analyse intellectuelle, tous les ingrédients sont réunis. Y compris l'erreur fondamentale, l'espoir que l'activation du conflit de classes finirait par venir à bout de la notion même de conflit et que la liberté et l'égalité seraient naturellement compatibles une fois la propriété privée abolie, l'homme n'étant aliéné que par les structures et non pas tout autant par lui-même.

Raymond Aron avait raison, dans ses *18 leçons sur la société industrielle*, de dire que le marxisme était une illustration politique de ce vieux principe selon lequel « qui veut faire l'ange fait la bête[2] ». Le refus de mettre en œuvre les procédures qui permettent d'assurer à chacun les libertés civiles, politiques et économiques a abouti au totalitarisme politique puis à l'inefficacité économique.

Il reste qu'il faut expliquer la force de conviction et d'action dont a bénéficié pendant longtemps le marxisme. Le caractère très complet de sa panoplie idéologique, fût-elle erronée, en explique une bonne part. Mais aussi ce fait très caractéristique que le marxisme a su unir étroitement et efficacement trois cultures politiques qui existaient avant lui, et se sont trouvées unies par un projet commun : une culture de la résistance (la lutte contre l'exploitation capitaliste) ; une culture de la régulation (la nationalisation et la planification) ; une culture de l'utopie (un homme nouveau dans un monde nouveau). Ce qui est caractéristique du marxisme, c'est, d'une part, à quel point ces trois cultures s'emboîtent l'une dans l'autre par ordre successif et, d'autre part, qu'elles sont reliées de façon circulaire. La culture de l'utopie est arrimée à la culture de la résistance, par l'intermédiaire de la critique sociale et du matérialisme dialectique. L'histoire, en mettant en scène la lutte des classes, trouve en elle les conditions de son propre dépassement dans une métahistoire sans violence, où l'humanité est réconciliée avec elle-même. La résistance est, par elle-même, productrice d'utopie, par le seul fait que, accroissant les contradictions du système, elle

2. Et il ajoutait, à propos du fascisme et du nazisme, que celui qui veut faire la bête n'y réussit que trop bien.

l'oblige à avancer plus vite vers sa fin ultime. La preuve *a contrario* de cette osmose, c'est que le marxisme a commencé de s'effondrer dès que la forteresse idéologique bâtie autour de ces trois cultures s'est fissurée : lorsque la régulation, au lieu d'évoluer et de s'adapter, s'est rigidifiée et dogmatisée et n'est plus apparue crédible ; lorsque la capacité d'utopie s'est perdue dans les sables, chacun faisant comme si l'heure des jours meilleurs allait advenir, mais n'en pensant pas moins, et trouvant son sens, par la débrouillardise ou par la dissidence, à côté du sens officiel ou contre lui. Dès lors, le cercle était brisé, la chape de plomb politique n'avait plus aucune assise et le système ne pouvait qu'imploser, ce que peu ont su voir à temps [3].

Cette grille d'analyse vaut aussi pour les autres idéologies.

La démocratie s'appuie sur une culture de la résistance pour s'imposer face aux régimes traditionnels ou face à la dictature ; elle construit et perfectionne sans cesse, par la délibération collective, ses propres régulations ; elle est porteuse d'une formidable utopie, « l'égale dignité de chacun » ; mais elle l'oublie facilement et se limite souvent, une fois instaurée, à un ensemble de procédures. Elle se désactive de l'intérieur en quelque sorte et, sans s'en rendre compte, s'affaiblit et s'expose à une certaine dégénérescence. Elle a besoin d'être mise en permanence sous tension. Le communisme a joué ce rôle ; il ne le joue plus. Qui prendra le relais ? L'ultragauche, l'écologie, un élan spirituel ?

Le libéralisme économique peut être également examiné sous ce triple éclairage : c'est une résistance au corporatisme, à la tendance de la concurrence à se

3. Tel le romancier roumain Petru Dumitriu, auteur notamment d'*Incognito*, dans un article paru dans *Le Monde*.

transformer en monopole ; c'est une régulation, car il n'y a pas de marché sans institutions ni confiance ; sa relation avec l'utopie est plus confuse : son utopie, c'est l'allocation optimale des ressources et, théoriquement, l'enrichissement pour tous ; mais en fonction des efforts et capacités de chacun. Ce qui, d'une certaine façon privatise l'utopie, alors que celle-ci a nécessairement une dimension collective. C'est une des difficultés du libéralisme aujourd'hui : il n'est plus producteur d'utopie que pour ses bénéficiaires immédiats ; pour les autres, c'est une dure réalité à laquelle il faut se faire ou contre laquelle il faut lutter.

En somme, la crise du politique aujourd'hui, sa difficulté à maîtriser l'économie et à mobiliser la participation nécessaire pour y parvenir, peut s'analyser doublement : d'une part, comme l'incapacité à réunir en un ensemble cohérent et efficace ces trois cultures fondamentales ; et d'autre part, comme l'hypertrophie des fonctions de régulation par rapport à la culture de la résistance ou de l'utopie. Pour expliciter cela, il est utile de faire un détour et d'analyser ce qui distingue et ce qui rapproche ces trois cultures qui remplissent chacune des fonctions sociales différentes.

Trois cultures politiques, trois fonctions sociales

Il y a formation d'une *culture de la résistance* lorsqu'une situation est jugée injuste mais évitable, inadmissible mais susceptible d'être changée. La culture de la résistance, c'est le refus du fatalisme qui caractérise les sociétés traditionnelles, ou le conservatisme. Cette culture est largement une création de la modernité, elle est liée à l'idée de progrès, qu'il soit économique ou politique, à la possibilité de changement, d'amélioration, face à un ordre immuable. Au point qu'à la résistance à l'ordre injuste des choses est venue s'ajouter une résistance au changement lui-même, jugé disproportionné, injuste, mal organisé. La fonction de cette culture, c'est de ne pas se résigner à l'ordre des choses, qu'il soit immuable ou en mouvement, et de discerner l'inacceptable, l'injuste, l'inadmissible, que nous voudrions ne pas voir. C'est une puissance de détection du mal social sous ses multiples formes, une force d'identification et de révélation qui oblige à inscrire sur l'agenda politique des sujets qui fâchent ou gênent. Résistance qui peut être globale, face à une occupation ennemie, un système dictatorial, ou limitée à un objet précis (refus d'une réforme, ou d'un mode de gestion d'une entreprise, ou prise en compte d'un problème social mal réglé). Elle part d'une révolte, d'un sentiment d'injustice, d'un malaise. Elle peut prendre des formes diverses, individuelles (grève de la faim), ou collectives, formelles ou informelles, politiques ou citoyennes. Elle s'appuie sur des moyens variés, critique sociale, dénonciation, pétition, grève et mouvements sociaux, manifestations. Ses champs d'intervention varient selon les temps et les lieux. Chaque époque, d'une certaine façon, chaque pays, doit trouver les formes de résistance qui lui sont appropriées et qui contribuent à façonner son identité.

Tout autre est la culture de la *régulation*. Son objet est d'organiser les règles du jeu social, et, dans une société en évolution, de les adapter et de les perfectionner sans cesse pour tenir compte des changements, notamment technologiques, des problèmes mêmes que le progrès suscite, ainsi que d'exigences plus fortes en matière de soutien ou de respect des personnes. C'est une culture qui repose moins sur la tripe et le cœur que la culture de la résistance, et plus sur l'intellect et sur l'expertise : elle est amenée à prendre en compte la complexité de la réalité, ses aspects contradictoires, les effets négatifs induits par toute réforme. C'est une culture qui avance lentement, par tâtonnements successifs, par compromis laborieux, jamais entièrement satisfaisants, toujours transitoires et perfectibles. Elle satisfait peu les impatients, ceux qui veulent des résultats immédiats et spectaculaires, ceux qui ont un désir d'utopie. Elle est en quelque sorte prise entre deux feux, entre les deux autres cultures. Mais elle est fondamentale : c'est elle qui assure l'universalité des droits et des devoirs dans la société, la cohésion du tout, le vivre ensemble. Sans elle, les deux autres cultures n'ont plus de champ pour s'exercer. Mais nous avons tendance à l'oublier.

Quant à la culture de l'*utopie*, c'est sur bien d'autres ressorts qu'elle repose. S'appuyant souvent sur la critique sociale, elle vise à instaurer des régulations originales et nouvelles et exprime un désir de changement radical des conditions de fonctionnement de la société. Cette aspiration est inscrite en chacun de nous, plus ou moins intensément, plus ou moins profondément ; sous la forme d'un désir de révolution, d'une espérance ineffable, d'une nostalgie (celle d'un âge d'or révolu), d'une eschatologie ou du sentiment profond qu'une réconciliation de l'homme avec lui-même et avec le monde est possible. Ses sources sont obscures et sans doute multiples : on peut y voir à la fois la projection dans l'avenir d'un malaise existentiel, un report de l'absolu religieux vers le temporel relatif, la trace d'un mystérieux Royaume enfoui en nous et dont nous sommes les porteurs, ou une fonction même du politique, peut-être la plus noble : opérer son propre dépassement.

Bien distinctes les unes des autres, ces trois cultures, prises séparément, ont chacune leurs limites et leurs pesanteurs, dont elles peinent à s'extraire. La culture de la résistance peut n'être que négativisme et déboucher sur des résultats sans lendemain, sur des attitudes esthétiques de refus, sur de pures pratiques iconoclastes. Son enjeu est de devenir constructive. De son côté, la culture de régulation a tendance à se satisfaire d'elle-même et sa prudence intrinsèque, son pessimisme naturel peuvent la conduire à un excès de conservatisme et à une fermeture à l'égard des impulsions venant de ses deux autres compagnes de route. Quant à l'utopie, dont le mot générique, issu du livre de Thomas More paru en 1516, veut dire « lieu de nulle part », son risque permanent est de prendre ses désirs et ses rêves pour des réalités, de s'exaspérer des résistances au changement qu'elle rencontre, d'inventer des boucs émissaires, et de verser dans des pratiques totalitaires pour écraser ses ennemis. Cela explique qu'aujourd'hui l'utopie ait mauvaise presse et qu'elle doive être passée au tamis de la démocratie. L'utopie ne peut plus être qu'un au-delà de la démocratie, non un en deçà ou un ailleurs.

Ces insuffisances, ces trois cultures les surmontent, lorsqu'elles parviennent à se réunir pour former un ensemble efficace. C'est alors, peut-être, que l'on peut parler de politique intégrale, de grande politique. Selon un mouvement circulaire, la résistance à l'injustice stimule en permanence les institutions de la régulation, en mettant en avant leurs insuffisances, en les obligeant à se perfectionner. De même, la régulation comme la résistance sont portées en avant par un projet « utopique », qui joue le rôle de locomotive. La politique devient alors d'une redoutable efficacité. Cela n'est pas sans danger : devenant en quelque sorte trop efficace, la politique menace la démocratie dont l'une des fonctions est de contenir la politique, toujours prête à tous les excès, dans des limites raisonnables ou dans les limites du service des droits de l'homme. Notre enjeu aujourd'hui est donc double : opérer une conjonction de ces trois cultures, mais une conjonction démocratique, au sein et au service de la démocratie.

Cela implique que ces trois cultures fassent un important travail sur elles-mêmes, pour mieux circonscrire leur champ d'action, leurs conditions de validité, leurs limites. Elles ne peuvent éluder un important effort de discernement ; en particulier, la culture de la résistance est toujours menacée de devenir résistance à tout et à n'importe quoi ; quant à la culture de l'utopie, qui a été accaparée par la culture révolutionnaire, elle doit retrouver son autonomie et sa vie propre.

Discernement, mais aussi compréhension mutuelle. Car ces trois cultures vivent chacune dans leur propre monde, se méfient l'une de l'autre, ont tendance à se croire autosuffisantes et à nier leur complémentarité dans la différence. Cela s'explique aisément. Elles sont tout d'abord portées par des personnes aux tempéraments psychologiques différents ; il est rare qu'au sein d'une même personnalité, ces trois tendances coexistent à égalité : l'une, parfois deux, l'emporte et détermine ensuite les comportements, tout en générant des exclusives et des oppositions irréductibles. Mais ces attitudes obéissent aussi à une certaine logique : les « résistants » voient bien que la transformation de leurs refus en règles positives va être le plus souvent lente, tâtonnante, imparfaite et va s'opérer par compromis ; ils s'en agacent, y voient une possible trahison. Au lieu de forger une culture réaliste de la résistance constructive, ils ont donc tendance à sauter à pieds joints sur les lenteurs et hésitations des « régulationnistes » pour faire alliance avec les tenants de l'utopie, qui y voient un appréciable renfort. Mais cette alliance n'est pas solide : les révoltés se méfient des utopies trop construites, trop bien définies, dont ils perçoivent aussi le caractère menaçant (résistants du monde contesté d'hier, ils n'ont pas envie de devenir les résistants de l'utopie de demain) ; les « utopiens », de leur côté, ont toute raison de se méfier de ces alliés tonitruants, mais instables ; quant aux régulationnistes, qui appartiennent aux partis de gouvernement, aux corps constitués, au monde de la fonction publique, ils ont en main les leviers du pouvoir, et les interventions des uns et des autres les dérangent : aux résistants ils feront des concessions, *a minima* ; aux utopiens, ils seront tentés de répondre par le désintérêt, le silence hautain ou par un parcage de fait aux franges de la société.

Comment donc faire lien entre ces trois cultures disjointes, en partie opposées, et pourtant complémentairement fécondes ? Où trouver le ciment qui permet d'unir sans les confondre ces différents matériaux ?

Ce peut être une idéologie, mais on en a vu les limites et les dangers. La raison profonde en est qu'aucune pensée ne peut englober l'immensité de la réalité et que toute idéologie enserre la vérité dans un moule trop étroit. La pensée pour rester vive doit rester ouverte.

Ce peut être une organisation, un mouvement, une communauté, une association, une entreprise alternative ; mais l'efficacité aura alors une portée plus limitée.

Ce peut être un héros, homme ou femme, dont le génie est précisément d'unir ces ressorts, autre manière de concilier l'éthique de conviction et l'éthique de responsabilité. Le général de Gaulle représenterait assez bien ce type d'agencement, avec une forte identification des trois fonctions de résistance (à l'armistice, à l'ennemi, puis aux États-Unis, à l'OTAN, à l'Europe supranationale), de régulation (autour de la force et de la cohésion de l'État-nation) et d'utopie (la grandeur de la France). Le problème est que l'on invente ni ne fabrique les héros. Il faut savoir vivre sans eux.

Il reste donc deux pistes.

La première, c'est la prise de conscience de l'existence de ces trois cultures politiques, et de leur difficile complémentarité, cette prise de conscience ayant un effet pédagogique et conduisant les acteurs politiques à évaluer leur position à partir de cette grille afin d'y apporter, le cas échéant, les correctifs nécessaires. Étant admis que l'existence de ces trois impulsions au sein d'une vision politique ne valide en rien la justesse de celle-ci. Ce qui est en cause ici, c'est la capacité à emporter l'adhésion en vue de l'efficacité, sans jugement de valeur aucun.

La seconde, c'est de concevoir un projet politique cohérent qui permette une saine et juste utilisation de ces trois fusées porteuses, explicitant clairement leurs conditions de mise à feu, afin de faciliter une participation durable à l'action.

Dans la perspective qui est la nôtre, le projet d'une économie du sens peut se définir comme la promotion d'un développement équitable, solidaire et durable permettant le développement matériel, relationnel et spirituel de chaque personne. Ce projet, en tant qu'objectif, peut unir libéraux-sociaux, démocrates-chrétiens, sociaux-démocrates, écologistes, et même une bonne partie de la « gauche de la gauche ». En revanche, sa mise en œuvre pratique comporte de grandes différences selon le contenu que l'on donne aux concepts d'équité, de solidarité et de durabilité, et selon les moyens utilisés, qu'ils passent principalement par le marché ou par la redistribution sociale. De ce fait, les conflits politiques sont légitimes, et notamment le conflit droite-gauche, dans la mise en œuvre. Mais *dans tous les cas, un tel projet implique bien la mobilisation des trois types de ressources politiques* qui font l'objet de ce chapitre : *un tel projet ne va pas dans le sens du courant dominant, auquel il importe de résister ; il implique de nouvelles régulations ; il doit être porté par des capacités d'utopie à définir.*

Tous orphelins de la politique intégrale

Que donne une analyse spectrale des principales forces politiques existantes à partir de ce triple critère ? Cet éclairage peut nous aider à progresser.

L'extrême droite n'a plus – il faut s'en féliciter – d'utopie à proposer, pas plus que d'idées bien nouvelles en matière économique et sociale ; sa seule force de mobilisation réside en une résistance à l'étranger, à l'autre, érigé en bouc émissaire des malaises de société. Autrement dit, elle prétend réduire les multiples exclusions par une exclusion particulière. Ou renforcer la cohésion en intensifiant l'exclusion. Ou encore assurer la cohésion des proches par l'exclusion des moins proches. On est aux antipodes du développement humain et solidaire. On tombe dans la tentation d'une démocratie fermée sur elle-même, qui résiste à sa propre logique et à ses valeurs d'égalité et d'universalité. Cette contradiction, le fait que l'extrême droite soit en quelque sorte captive de la démocratie, et qu'elle n'ose plus, en apparence du moins, la remettre en cause, limite son efficacité, mais pas autant qu'on pourrait le penser, tant il est vrai que les systèmes et attitudes politiques n'en sont pas à une contradiction près. En ce sens, l'extrême droite est une menace, ne serait-ce qu'emblématique. Il est tentant de lui répondre par la haine, ce qui ne la dérange pas, bien au contraire : elle s'y alimente. La vraie réponse à l'extrême droite, c'est de s'attaquer aux peurs et aux malaises qui la nourrissent, c'est le développement humain tel qu'il est proposé ici [4].

La crise du gaullisme peut également s'interpréter comme une difficulté à poursuivre l'utopie et la résistance,

---

4. Voir également Charles Rojzman, Véronique Le Goaziou, *Comment ne pas devenir électeur du Front national*, Desclée de Brouwer, 1998.

une fois le fondateur disparu, tandis que la dimension régulationniste hésite entre un libéralisme économique pur, et un libéralisme social. Divisé sur le modèle de société, peu européen mais hésitant à le dire, le gaullisme est essentiellement une machine électorale qui adopte les résistances du moment, celles qui plaisent à l'opinion, sans parvenir à les transformer en projet. Il en résulte une gestion empirique, où beaucoup peuvent trouver leur compte dans l'instant, bien peu mobilisatrice dans la durée.

Il y a lieu de distinguer le libéralisme social et le libéralisme économique. La ligne de démarcation se situe à trois niveaux : l'existence d'un salaire minimum périodiquement ajusté pour tenir compte de la hausse des prix (ce qui n'a pas été le cas pendant longtemps aux États-Unis) ; un système universel de Sécurité sociale financé par un prélèvement sur les revenus (et non tarifé en fonction du risque, ce qui suppose un niveau relativement élevé de redistribution sociale) ; une importance et une légitimité données aux accords collectifs entre partenaires sociaux. Dans l'après-guerre, le libéralisme social a fortement participé à l'utopie du progrès indéfini. Mais il a du mal à résister à la pression du libéralisme économique pur dans les trois domaines critiques qui viennent d'être évoqués. Et il est beaucoup moins imaginatif qu'il ne l'a été au cours des Trente Glorieuses pour construire les nouvelles régulations dont le besoin est pourtant pressant.

La démocratie chrétienne a pour elle d'avoir porté avec constance l'utopie européenne. Elle a besoin aujourd'hui de démontrer sa capacité à en renouveler les ressorts. Elle a par ailleurs les problèmes mêmes du libéralisme social avec lequel elle a partie liée. Son problème consubstantiel est d'être à la fois radicalement démocrate, et radicalement chrétienne, double exigence nullement incompatible, mais périlleuse et soumise à des conditions strictes. La démocratie chrétienne aurait intérêt à approfondir cette triple culture de la résistance, de la régulation et de l'utopie qui se trouve précisément, elle aussi, exprimée et puissamment, dans l'Évangile. Ce faisant, elle risque d'inquiéter les milieux plutôt conservateurs sur lesquels elle s'appuie souvent. À cela s'ajoute en France la difficulté particulière venant de la forte présence du gaullisme, qui lui a laissé jusqu'ici peu de marge dans l'espace politique.

Héritière d'une résistance au libéralisme du XIXe siècle et des différentes traditions du socialisme utopique, la social-démocratie a vocation à manier efficacement ces trois aspects de la réalité politique. Tendanciellement, il semble bien que ce soit la social-démocratie suédoise des années 1960 qui s'est le plus approchée de cette situation. Mais la social-démocratie européenne n'a jusqu'ici pas réussi à anticiper sur la nouvelle donne économique et écologique. Elle est tiraillée entre la tentation du libéralisme économique (en Suède, en Allemagne, en Grande-Bretagne) et les contraintes environnementales, où elle risque en permanence d'être débordée par les verts. Elle peine à trouver le bon équilibre, et pratique, à deux exceptions près, une sorte de régulation sociale défensive.

En France, la tradition sociale-démocrate, incarnée par la « deuxième gauche » des années 1970 (bonne gestion et autogestion) y a longtemps été minoritaire. La « première gauche », plus étatique, a bâti, en 1972, un compromis avec le parti communiste autour du programme commun, qui comportait à la fois une résistance au capitalisme, des régulations nouvelles (les nationalisations) et une utopie (la rupture avec le capitalisme). C'est cet ensemble qui a donné son efficacité au programme commun. Mais cette efficacité purement politique s'est heurtée à d'autres réalités politiques et économiques, à savoir la nécessité de construire l'Europe et de prendre sa place dans le processus de mondialisation. Le nécessaire tournant de 1983 a cassé l'assemblage du programme commun, tout en permettant à notre pays de maintenir son leadership en Europe, de faire progresser la construction européenne, et transformer la gestion économique inflationniste et social-colbertiste de notre pays en une gestion sans inflation où les mécanismes de marché jouent un rôle plus grand [5]. Le socialisme français est devenu gestionnaire, et plutôt bon gestionnaire. Mais il a cessé d'être autogestionnaire. Et il n'est pas devenu culturellement social-démocrate. Car ce sont, dans l'ensemble, et exception faite de l'expérience Rocard de 1988 à 1991 – elle-même étroitement contrôlée –, les tenants de la « première gauche » qui ont gouverné. Ils ont fait la politique de la « deuxième gauche », mais sans ses valeurs ni sa culture. De ce fait, la construction de nouvelles régulations, la visée utopique, les capacités de refus, le projet en un mot, se sont plus résumés en un assemblage de moyens et de propositions qu'en une formulation claire et accessible, entraînant la participation et l'adhésion.

Le projet écologique, lui, reste trop flou, ce qui explique sa faiblesse politique, au moment où tout devrait le porter en avant : en effet, si les écologistes témoignent d'une incontestable capacité de résistance, les parts respectives de l'utopie et de la régulation dans leur projet ne sont pas claires : s'agit-il d'obéir à de froides nécessités scientifiques, objectivement fondées, sous peine d'aller au drame, ou de vivre mieux, autrement et plus sobrement ? Faut-il mettre en place des régulations sévères, exigeantes, brutales, ou au contraire souples et progressives ? Le principe de précaution s'efforce de trouver un point d'équilibre entre ces préoccupations, mais il n'est pas aisé à décliner. Comment le mouvement écologique doit-il se positionner sur l'échiquier politique ?

---

5. Voir J.-B. de Foucauld, *La Fin du social-colbertisme*, Belfond, 1988.

Doit-il inspirer tous les partis, selon une démarche transversale ? Devenir une force nouvelle et autonome – ce qui a été tenté, sans grand succès ? Ou s'allier avec les partis de gauche, ce qui suppose alors une capacité d'influence suffisante ? La question reste plus que jamais béante, alors que la droite elle-même se réclame aussi de l'écologie.

Quant à la « gauche de la gauche », orpheline de la vision totale de la société qu'elle portait, on voit bien sa tentation : accaparer le pôle délaissé de la résistance, du soutien systématique aux luttes sociales, sous toutes leurs formes ; oublier complètement la dimension régulationniste, héritière en cela du marxisme qui voulait mettre l'économie hors marché ; préserver le feu sacré de la révolution et de la société sans classes, en occultant les conditions et moyens de sa réalisation. Se refusant à une analyse critique en profondeur du marxisme, l'ultragauche le pratique sans plus oser s'y référer, maintenant la flamme d'un culte défait, mais susceptible de renaître de ses cendres un jour. Le marxisme est devenu l'imam caché de l'ultragauche.

Une analyse voisine peut s'appliquer aux antimondialistes, à ceux qui s'opposent à la mondialisation libérale dans laquelle ils rangent, sans nuance, l'Europe. L'esprit de résistance est là, qui joue un effet tonique et salutaire. Les propositions régulatrices sont pour l'instant assez faibles, la taxe Tobin, qui est plutôt une bonne idée, ne répondant que partiellement à l'ensemble des questions posées. Quant à l'utopie, elle est floue : « un autre monde est possible », certes, mais est-ce un monde réformé ou révolutionné ? Un équilibre savant et ambigu entre réforme et révolution est ainsi maintenu, qui permet d'agréger des personnes qui pensent différemment, mais font masse ensemble et sont, ainsi regroupées, efficaces. Mais plus le mouvement précisera son projet, surtout s'il se veut « d'éducation populaire tournée vers l'action », comme se définit intelligemment

Attac, plus il devra soit choisir entre les deux termes de la réforme et de la révolution, soit travailler en profondeur sur le type de liaison pouvant s'établir entre la culture de la réforme et la culture alternative, piste sûrement la plus prometteuse.

Est-ce à dire qu'il n'y a plus aujourd'hui de champ d'action collective où ces trois cultures soient en phase ? C'est sans doute du côté des associations et des ONG que l'on pourrait trouver les réalisations les plus proches de l'épure théorique. Des actions comme celles d'Amnesty International, ou des « French doctors » intègrent bien ces trois dimensions. Il est vrai que les ONG voient leurs tâches considérablement facilitées par le fait que leur objet d'intervention est réduit et qu'elles n'ont pas en charge la globalité du champ politique. De ce fait, elles sont tentées en permanence d'hypertrophier l'éthique de conviction aux dépens de l'éthique de responsabilité, de fonctionner sur le bipôle résistance-utopie, sans prendre en considération avec suffisamment d'attention ou d'expertise, le domaine lourd et souvent visqueux des régulations collectives. Elles ont pourtant des valeurs essentielles à apporter au débat politique aujourd'hui et constituent une forme d'engagement concret, efficace et utile. À l'État, aux régulateurs de les inciter à développer ce qui est souvent la partie faible de leur action : d'une part, en leur donnant d'une façon ou d'une autre les moyens d'étude et de recherche qui leur font le plus souvent défaut, tant leur énergie est accaparée par leurs buts premiers ; et d'autre part, en sollicitant leur avis, en les écoutant et en les faisant participer au processus régulateur.

Ainsi, cette grille, sans prétendre être exhaustive, fournit des éléments d'appréciation intéressants et utiles pour la fabrication de projets politiques plus porteurs correspondants aux nécessités de notre temps. Bien entendu, résistance, régulation, utopie, autonomes et complémentaires, ne sont jamais totalement en phase. Les nécessités de l'action, le combat pour le pouvoir, le jeu des intérêts lors de son exercice conduisent inévitablement à des déformations. Il n'y a pas de projet global pur et parfait, car l'action va plus vite que l'esprit qui cherche à donner sens. Il s'agit donc ici d'évaluer, non de juger, et d'analyser, non pour critiquer, mais pour progresser. En tout cas, un projet de développement durable, équitable et solidaire axé sur le développement matériel, relationnel et spirituel de chacun, exigera un travail simultané sur ces trois cultures politiques que sont la résistance, la régulation et l'utopie.

Réintroduire la dimension spirituelle dans le jeu politique

Dans l'action individuelle et collective, on peut distinguer trois formes d'énergie : l'énergie économique (produire plus), l'énergie politique (conquérir puis exercer le pouvoir) et l'énergie spirituelle (produire des valeurs qui justifient la vie en commun, puis les appliquer). La modernité a disjoint ces énergies. La politique s'est détachée de la religion et a créé ses propres valeurs. Aujourd'hui, l'économie s'autonomise excessivement par rapport au politique. Peut-on « réencastrer l'économie dans la société », comme le voulait Polanyi, ce qui passe nécessairement par une action sur et par le politique, sans faire appel aux énergies spirituelles ? Et, si oui, comment ? Autrement dit, le politique peut-il trouver en lui les ressources suffisantes pour rééquilibrer l'économie ? Le mécontentement, le sentiment d'injustice, la souffrance sociale, l'exigence démocratique sont-ils suffisants, ou y a-t-il besoin d'un relais, d'une source externe, qui serait de nature éthique et spirituelle ?

Deux raisons vont dans le sens d'une réponse positive. D'une part, même si les mouvements antimondialistes font progresser les choses, le politique paraît bien faible, bien englué, pour agir en profondeur sur la réalité ; il suscite peu d'adhésion et de mobilisation : en d'autres termes, il ne semble pas trouver en lui-même les réponses à sa propre crise. D'autre part, le pouvoir est, par nature, enserré dans une forte logique d'intérêts, et peine toujours à en sortir ; de ce point de vue, il ressemble beaucoup au marché, même s'il y a une différence de nature entre la somme des intérêts privés et l'intérêt général. Plus les forces du marché sont prégnantes, intellectuellement ou physiquement, et plus la logique des intérêts investit l'État lui-même, ses composantes, ceux qui l'animent, et moins l'État est capable de résister et de rééquilibrer l'ensemble : chaque administration défend ses intérêts, sans prendre en compte ceux des autres ou l'intérêt général, pensant que les rapports de forces interadministratifs pousseront « naturellement » à l'intérêt général ; la logique de carrière l'emporte sur la logique de service ; chacun, chaque corps, juge de son action en fonction des intérêts à court terme qu'il en retire. L'État, peu à peu, se paralyse de lui-même, ne parvient plus à ordonner le sens collectif, et se trouve en discordance vis-à-vis des attentes de la société.

Dans un tel contexte, le besoin d'une source extérieure de nature éthique et spirituelle est donc impérieux. Et d'ailleurs les appels en ce sens se multiplient de toute part. Mais, simultanément, ils ont quelques difficultés à mordre sur la réalité. Pourquoi ?

Tout d'abord parce que la théorie de l'efficacité politique de l'attitude éthique ou spirituelle reste largement à faire. Lorsque Malraux disait qu'on ne fait pas de la politique avec de la morale, mais qu'on ne peut pas non plus en faire sans, il mettait le doigt sur cette ambivalence de la réalité avec laquelle la politique doit vivre. Il ne suffit pas d'être vertueux pour être un bon politique, pas plus que pour être un bon pâtissier. Mais un bon politique doit avoir sa vertu propre, sa cohérence, sa forme propre d'engagement, sa capacité d'exposition au risque, sinon il n'est plus qu'un bouchon qui flotte sur les eaux tumultueuses du pouvoir, et sa participation aux honneurs se substitue à sa participation à l'histoire. Et puis il y a des situations où, sur un fond de décombres, l'attitude spirituelle devient le dernier recours. Enfin, il y a des personnes qui, par leur intériorité, leur capacité de maîtrise de la souffrance, leur génie propre, ont, par elles-mêmes, par leur évidente sincérité, une capacité de conviction, d'entraînement, d'adhésion, de rayonnement qui est une source d'efficacité collective durable. Ni ces situations ni ces personnalités ne se fabriquent à volonté : elles se dévoilent en tant que situations, ou elles se forgent, en tant que personnes, et toujours de façon très existentielle, non dogmatique, imprévue. Ce devrait être l'objet de l'art politique que de faire éclore ce type de situations et de permettre à ce type de personnes de s'exprimer. Mais cette politique spirituelle n'a pas encore trouvé son autonomie, sa substance propre. Elle est toujours menacée par la politique prophétique de la dénonciation et par la politique religieuse de la promotion de la norme. Redonner ou donner ses lettres de noblesse à la politique spirituelle ainsi conçue est un objet essentiel de la réflexion et de l'action aujourd'hui.

En second lieu, l'introduction du spirituel en politique est rendue délicate ou inefficace parce que cette dimension fait peur, pour de bonnes et de mauvaises raisons, elles-mêmes étroitement mêlées.

Tout d'abord, les visions spirituelles du monde ne sont que récemment ou partiellement réconciliées avec la démocratie, quand elles le sont. Elles ont longtemps imposé leur vision du monde en utilisant la contrainte étatique. Elles ont ensuite résisté à l'émergence de la liberté politique. Elles sont aujourd'hui tentées de faire légitimer par la majorité électorale leur morale propre. Elles créent donc de la méfiance ou de la distance chez ceux qui ne se reconnaissent pas en elles. Pourtant elles portent quelque chose d'essentiel pour fonder et incarner le principe d'égale dignité : le caractère transcendant de l'autre, signe d'une présence qui le dépasse et que l'on doit impérativement respecter. Les démocraties ne sauraient se passer de cette dimension sans perdre beaucoup pour elles-mêmes. Mais cela suppose que les spiritualités soient en ce qui les concerne suffisamment porteuses de cette exigeante valeur, et qu'elles l'expriment comme un service, valable en soi, et non comme un moyen de prosélytisme. En d'autres termes, c'est en respectant loyalement et intégralement le pluralisme, tout en étant pleinement elles-mêmes, que les spiritualités peuvent apporter une vraie contribution à la démocratie et au développement solidaire et durable. Cela passe nécessairement par une certaine humilité.

À ces bonnes raisons qui peuvent justifier de garder une certaine distance entre les visions spirituelles du monde et les systèmes politico-économiques se mêlent des raisons plus obscures et moins nobles. Les visions spirituelles fondées sur la transcendance, le respect de l'autre, l'altruisme, la maîtrise des besoins, la valorisation d'une certaine capacité sacrificielle sont, et de plus en plus, des contre-valeurs par rapport aux normes communes dominantes. Elles gênent, mettent mal à l'aise, heurtent non pas tant l'individualisme au sens où Tocqueville l'entendait (« sentiment réfléchi et paisible qui dispose chaque citoyen à s'isoler de la masse de ses semblables et à se retirer à l'écart avec sa famille et ses amis ») que l'égoïsme, en tant qu'« amour passionné et exagéré de soi-même qui porte l'homme à ne rien rapporter qu'à lui seul et à se préférer à tout[6] ». Éviter que l'autonomie de la personne, objet et effet de la démocratie, s'opère, *via* l'égoïsme, aux dépens du lien social, voilà pourtant un défi que les démocraties auraient tort de négliger.

Une troisième raison qui explique la difficulté des forces éthiques et spirituelles à influencer positivement et visiblement la vie collective tient à leur division et à leur affaiblissement. Cela apparaît si l'on examine les trois branches du mouvement spirituel aujourd'hui :

• La laïcité, qui a longtemps porté avec force les valeurs démocratiques, est en quelque sorte victime de son succès et peine à se renouveler comme force motrice de la cohésion sociale et républicaine. Une part d'elle est devenue un cléricalisme défensif à rebours. Une autre part cherche à renouveler sa formulation de l'humanisme aujourd'hui, mais a du mal à trouver le ton juste face aux religions instituées et face aux autres types de rapports qui existent entre État, religion et société en Europe.

• Les religions instituées de la tradition abrahamique ont gardé un message puissant, mais qui ne s'est sans doute pas suffisamment renouvelé pour maintenir une adhésion suffisante, tandis que les pratiques des fidèles s'écartent souvent des principes affirmés et que ces fidèles eux-mêmes subissent la force d'attraction de la troisième composante.

• Le trait majeur de notre société réside en effet dans l'explosion d'un mouvement de personnes qui cherchent ou vivent une expérience spirituelle, un rapport d'intériorité avec elles-mêmes, une maîtrise éthique de leur souffrance, tantôt sans cadre fixe, tantôt avec des cadres temporaires, en utilisant les ressources spirituelles qu'elles trouvent sur leur chemin et que la mondialisation des religions leur apporte. Il y a désormais tout un peuple qui vit discrètement et souvent

6. Tocqueville, *De la démocratie en Amérique*, t. II.

de façon informelle la spiritualité comme une expérience personnelle et ne se reconnaît ni dans les religions ni dans la laïcité à la française. Il ne s'oppose ni aux unes ni à l'autre, il est ailleurs. Cette spiritualité personnalisée, qu'il ne faut pas sous-estimer, qui possède une réelle authenticité, bien que largement bricolée, se réfère à une sorte de corpus commun assez large, mais implicite et non défini. Son efficacité sociale est freinée par sa dispersion en de multiples canaux qui s'ignorent les uns les autres, par son absence de support institutionnel, par la superbe ignorance dans laquelle elle est tenue par des élites trop occupées. Elle n'a ni présentation globale, ni rattachement central, ni programme commun. Elle est en permanence menacée par les dérives éthériques, sectaires ou mafieuses. Mais elle existe, elle fait partie de la quête de sens, et il faut en tenir compte car elle joue, elle aussi, un rôle de contrepoids qui évite le pire, sans pour autant suffire.

Cultures politiques, cultures spirituelles et cultures religieuses : convergences possibles

Comment la démocratie peut-elle faire bon usage de ces ressources latentes ? Comment les spiritualités peuvent-elles se développer en prenant leur part du processus démocratique sans chercher à l'accaparer ? En constatant que ces trois composantes de la culture politique que sont la résistance, la régulation et l'utopie leur sont également consubstantielles.

Ces trois formes de rapport à la réalité sont en effet présentes dans toutes les religions et les spiritualités. Toutes en effet s'efforcent de résister à ce qu'elles définissent comme le mal, toutes s'efforcent d'élaborer des règles morales et de s'y conformer, toutes ont pour but un monde différent et meilleur. Il est même possible que ce soient les religions qui ont semé ces attitudes dans le champ politique[7]. Mais elles l'ont peu à peu oublié et seraient bien inspirées de s'en souvenir pour se renouveler. La laïcité, par exemple, a exprimé une résistance à l'emprise de l'Église, mais cette résistance n'a plus le même objet aujourd'hui. Quel est son projet régulateur, maintenant que l'Église est séparée de l'État ? Quel est son projet républicain d'égalité face à la fracture sociale ? De même, le mouvement spirituel informel comporte sûrement aussi ces trois dimensions, mais informulées, donc fragiles et manipulables. Il y aurait intérêt à ce que son projet se clarifie et on peut penser qu'il s'orienterait assez naturellement vers l'abondance solidaire et frugale et le développement intégral qui l'accompagne. Quant au christianisme, il n'est que trop clair qu'il possède cette triple dimension, qu'un homme comme Jean-Paul II incarne bien. Mais il ne l'a pas analysée en tant que telle, alors que cela aurait pu l'aider à sortir d'une partie de ses contradictions, lui donner une plus grande justesse de ton et une plus grande densité spirituelle et sociale.

L'Évangile en effet est un texte difficile à interpréter : d'un côté, Jésus appelle à une forte radicalité (partir sur le chemin sans bâton ni besace, donner à celui qui vous demande, tendre la joue à celui qui vous frappe) ; d'un autre, il est prêt au pardon à l'égard du péché, valorise les dons partiels (Zachée ne donne que la moitié de sa fortune), ou l'acte caritatif non lié à un changement de vie radical (le bon Samaritain). Tantôt il s'affranchit de la loi (Jésus cueille les épis le jour du sabbat), tantôt il s'y soumet (il paie l'impôt à César), et prétend même l'accomplir. En matière économique, son message peut paraître, à première vue, ambigu :

7. Michaël Walzer, *La Révolution des saints*, Belin, 1987.

Marie, qui contemple Jésus, a choisi la meilleure part, alors que Marthe s'affaire seule ; il est inutile d'amasser, mieux vaut prendre exemple sur les lys des champs ou les oiseaux du ciel qui ne sèment ni ne moissonnent. Mais, en même temps, la parabole des talents est exigeante : ceux-ci ne doivent pas être enfouis, mais doivent fructifier et, à tout le moins, être déposés en banque pour porter intérêt. Ces antinomies montrent à quel point l'Évangile est éloigné de toute pensée borgne et de toute réponse simple, en bien et en mal, en oui ou en non. Il obéit à une logique plus rabbinique ou même orientale qu'aristotélicienne, dont la clé est dans l'Ecclésiaste : tout dépend du moment, il y a un temps pour tout, ce qui est vrai dans une situation ne l'est pas dans une autre. Et pourtant, il y a dans tout cela une unité profonde, l'amour de Dieu et du prochain, qui doit s'exprimer dans et par la Création, mais sous des formes qui varient et qu'il faut inventer à tout instant.

Du coup, on voit toute la difficulté d'un langage unifiant de l'Évangile : s'il est trop radical, il devient utopique, au sens d'irréalisable, voire dangereux (tendre la joue à l'ennemi) ; s'il est trop prudent, trace des lignes de compromis avec la richesse, la violence, l'intérêt pour soi aux dépens d'autrui, il trahit l'essentiel. Les encycliques sociales, qui s'efforcent de tracer une ligne directrice claire, donc moyenne, ont souvent du mal à surmonter cette tension. Les choses deviennent beaucoup plus lumineuses si l'on a recours à cette culture trine, profondément présente dans l'Évangile : celui-ci est dénonciation de l'injustice, de l'égoïsme, de la corruption ou de l'hypocrisie des puissants ; il est appel à une radicalité forte, celle du Royaume proche, mais dont la porte est étroite ; et entre les deux, sachant que l'homme est ce qu'il est, qu'il progresse lentement, par à-coups, il admet que des règles du jeu sociales plus modérées soient fixées pour que les hommes puissent vivre ensemble, comme ils sont plutôt que comme ils devraient être, bon grain et ivraie mélangés. Le risque au sein du christianisme est donc voisin de celui qui a été constaté dans le domaine politique : que chaque tempérament prenne ce qui l'arrange, aux dépens du reste ; les productivistes, les hommes d'action, les puissants valoriseront la parabole des talents ainsi que celle du bon grain et de l'ivraie ; ils oublieront les violentes dénonciations par le Christ de l'injustice, ses révoltes fréquentes, tout comme son appel pressant et puissant à la contemplation, à la pauvreté volontaire, au don infini. Mais ceux qui cherchent à lier révolte et libération peuvent négliger la pesanteur du monde, sa résistance au changement et finalement passer à côté du Royaume, soit en voulant l'imposer par force, soit en le renvoyant dans un au-delà toujours reporté. Cette sorte de trinité culturelle est consubstantielle à l'Évangile. Elle lui donne sa cohérence, sa force, en même temps que sa diversité, sa souplesse, sa capacité infinie de combinaison. À chaque société, en effet, de s'organiser pour lui permettre de s'exprimer. À chacun surtout de la vivre sans jamais perdre de vue sa triple composante : ne jamais se résigner au non-sens et à l'injustice ; toujours s'efforcer de progresser vers le plus difficile ; s'organiser, modestement, dans l'intervalle par un ensemble de règles là où il y a difficulté au don et à l'amour. Alors la règle devient l'expression d'une modestie et non le moyen d'un triomphe ou d'un pouvoir. Alors elle est prête à s'effacer devant le sens qui seul lui donne sens.

Ce qui vient d'être dit de l'Évangile vaut aussi pour la non-violence, exemple particulièrement intéressant de convergence entre cultures politiques et spiritualité, entre résistance, régulation et utopie. La non-violence, ou plutôt la maîtrise démocratique de la violence, rassemble ces trois types de cultures. Plus on en donne une image radicale et utopique, plus on la marginalise et on perd de vue ses vertus de résistance et de régulation. Plus on la banalise, en en faisant le rouage invisible d'une démocratie procédurale, plus on perd de vue sa capacité de réalisation utopique et de retournement en paix sociale de situations désespérées. La juste vision des différentes composantes de la non-violence conditionne le progrès de celle-ci dans la société.

CHAPITRE 5

Civiliser le capitalisme

Demander beaucoup aux personnes pour corriger la trajectoire, sans doute, mais à condition que, simultanément, si possible préalablement, on ait corrigé des règles du jeu devenues trop féroces. Question d'équilibre, d'abord ; mais aussi souci de redonner des possibilités de choix aux personnes, tantôt soumises à des formes de vie excessivement contraintes, tantôt acculées à des comportements héroïques de rupture. L'abondance frugale vise à libérer, non à ajouter des pressions supplémentaires sur le pauvre être, pour reprendre un mot de Jules Laforgue (« Agitez le pauvre être avant de s'en servir »). Pour cultiver pleinement sa dimension de résistance et d'utopie, l'abondance frugale doit faire l'objet d'un travail sur les régulations collectives. Elle suppose une politique qui s'accorde sur l'objectif et en facilite la mise en œuvre concrète. C'est à cela qu'il convient de s'attaquer en priorité. Il ne s'agit rien moins que de mettre en place un développement plus sobre, plus régulier, moins contraint, moins manipulé, qui ouvre davantage d'espaces de liberté tout en garantissant à tous une plus grande sécurisation des parcours. L'abondance frugale est à la fois le but et le moyen de ce développement.

Elle peut être le support d'un nouveau compromis social : plus de sobriété pour plus de liberté, avec moins d'insécurité et plus de solidarité. Un compromis honorable, somme toute, qui vaut la peine d'être tenté, et qui viendrait au secours des compromis de la période précédente en perte de vitesse. Tant le compromis social-démocrate (compromis État/marché, compromis capital/travail, État providence[1]) que celui de l'« économie sociale de marché » ont atteint leur plein essor dans un contexte de croissance forte lié à la montée en puissance de la société industrielle, puis de la société de consommation. Ils ont négligé les impacts écologiques et se sont accompagnés d'une standardisation croissante des modes de vie. Ils ont l'un et l'autre été mis à mal par la mondialisation, par la crise écologique, par l'individualisme, et par la montée des exclusions. Mais ils restent indispensables car ils fixent les objectifs communs de la société et régularisent le vivre ensemble. Ce n'est pas le principe de leur existence qui est en cause et qui doit laisser la place à une société individualiste de marché, ce sont leurs modalités qui doivent se renouveler pour être à même de faire face aux défis du temps présent.

Civiliser le capitalisme

La question centrale aujourd'hui est de civiliser le capitalisme, de l'encadrer, de l'enserrer dans un rapport de forces qui l'oriente vers des objectifs communs. Ayant débordé les cadres nationaux qui parvenaient peu ou prou à le contenir, il s'est ensauvagé et ne trouve plus en face de lui le

1. Qui n'a jamais véritablement fonctionné en France (voir J.-B. de Foucauld, *La Fin du social-colbertisme*, Belfond, 1988).

contrepoids nécessaire de règles qui le disciplinent ou d'acteurs qui l'équilibrent. Comment apprivoiser cette machine si puissante et violente, ce processus de « destruction créatrice » permanent qui a pris le pouvoir sur l'humanité. À quelle condition le capitalisme peut-il servir l'humanité et non pas l'asservir ? Est-ce d'ailleurs possible ?

Encore faut-il s'entendre sur ce que l'on entend par capitalisme. Il y a lieu en effet de distinguer entre :

• Les marchés de biens et services, qui valorisent les productions les plus performantes, éliminent les moins rentables et, ce qui est essentiel, coordonnent les actions de divers acteurs qui disposent de la liberté juridique de déterminer le choix de leur travail, de leur consommation et de leur épargne ; cette coordination entre des libertés formelles ne va pas de soi, et c'est sur elle que les économies totalement planifiées ont achoppé ; cependant, ces marchés sont confrontés en permanence à l'instabilité : celle-ci doit être à la fois acceptée et régularisée, tant pour limiter sa tendance à l'autoexagération que pour prendre en compte les drames humains qui peuvent en résulter.

• Le progrès technique, favorisé par l'existence du marché, mais qui a aussi sa propre autonomie, qui fonctionne par à-coups, par la mise en jeu soudaine d'une grappe d'innovations plus ou moins dormantes jusqu'alors. Le progrès technique brutalise la société, souvent à son avantage, mais à un prix qui peut être élevé : il oblige l'emploi à se recomposer et accroît le risque de chômage, tout en modifiant les conditions de vie et en créant des standards de vie qui se généralisent plus ou moins vite, voire s'imposent peu à peu à toute la société.

• Le système financier, qui est plus ou moins réglementé, plus ou moins libéralisé, plus ou moins au service du progrès technique, plus ou moins autonome, voire centré sur lui-même. Plus il est découplé du système productif, plus le risque de formation de bulles spéculatives est grand. C'est qu'en matière d'actifs financiers, les règles classiques de fonctionnement des marchés de biens et services n'opèrent pas toujours correctement : comme le note Michel Aglietta [2], une hausse des cours ne provoque pas nécessairement une baisse de la demande, mais une augmentation supplémentaire de celle-ci, de type spéculatif, jusqu'à ce qu'une chute brutale ramène la valeur de marché à un niveau raisonnable et même parfois, par contrecoup, à un niveau excessivement bas Une instabilité tierce s'ajoute ainsi aux deux précédentes, susceptible de provoquer des dommages collatéraux élevés.

La résolution de ces diverses difficultés n'est jamais aisée. Toute époque connaît des formes particulières de déséquilibres qui contrarient le souci démocratique de développement humain et font parfois désespérer du capitalisme, sans que les solutions de remplacement n'apparaissent clairement depuis l'effondrement des pays ayant exploré la voie du communisme. Si l'on se place dans une optique de correction et de régulation du système actuel, on peut identifier trois déséquilibres majeurs :

1) Un poids trop lourd de la finance sur la production, comme expliqué au chapitre 1, auquel il est prioritaire de remédier.

2) Un bouleversement du rapport de forces entre les acteurs induit largement, mais non exclusivement, par l'asymétrie précédente : à savoir que les actionnaires, d'une part, et les consommateurs, d'autre part, dominent et maltraitent les managers et les salariés en leur imposant, les premiers, des taux de rentabilité élevés, si possible toujours croissants, et, les seconds, des prix aussi bas que possible assortis de qualité améliorée. Il en résulte une pression

---

2. Michel Aglietta, *La Crise*, Michalon, 2008.

constante et croissante, parfois insupportable, sur le travail quotidien, source de stress, source aussi de perte de sens, de sens au travail et de sens du travail, pression liée à une incitation permanente à peser sur la masse salariale en modérant la croissance des salaires ou en réduisant les effectifs. Le déséquilibre du marché du travail facilite évidemment le maintien de cette situation. En outre, les actionnaires, pour gagner quelques points de rentabilité, ont tendance à imposer aux consommateurs de se servir eux-mêmes dans les centres commerciaux (ils sont ainsi transformés en collaborateurs bénévoles du service privé), d'attendre interminablement qu'un opérateur de centre d'appels chichement doté en effectif soit disponible pour répondre à leurs interrogations, sans parler des promotions de produits par appel téléphonique à domicile, peu respectueux de la vie privée [3]. Cette situation contraste point par point avec celle qui a prévalu pendant les Trente Glorieuses : alors, les managers et les salariés dominaient tant les consommateurs, auxquels ils infligeaient des prix élevés, que les créanciers, qu'ils rémunéraient mal, particulièrement les détenteurs d'obligations ; dans le même temps, managers et salariés bénéficiaient d'importantes hausses de rémunérations dans un contexte de plein-emploi maintenu et préservé. Un niveau de concurrence moins élevé, la tolérance à l'inflation, la puissance syndicale montante ont alors conforté ce rapport de forces aujourd'hui inversé ; rétablir un équilibre satisfaisant entre ces différents acteurs qui, pris séparément, correspondent à une dimension substantielle bien que variable de la vie personnelle de chacun constitue donc une composante essentielle du développement humain. Mais rééquilibrer un rapport de forces si profondément installé n'a rien d'aisé.

---

3. Les relations entre les services publics et leurs usagers sont d'ailleurs menacées d'une pareille évolution.

3) D'autant plus que la mondialisation a facilité cette inversion des rapports de forces, en intensifiant la concurrence, en écrêtant les hausses de prix, en réduisant les marges de manœuvre des entreprises et en s'appuyant sur des motivations individualistes tournées vers l'appât du gain plus que sur la recherche d'un vivre ensemble planétaire. Il lui a manqué d'être encadrée par un système institutionnel global suffisamment fort pour organiser la mise en contact fructueuse de potentiels économiques fort inégaux : pour que deux marchés, l'un à bas salaire, l'autre à salaire élevé convergent vers le haut, il faut une organisation qui fixe les règles du jeu, oblige le pays à bas salaires à relever progressivement ceux-ci, à développer sa protection sociale et sa législation du travail, quitte à l'aider et à mettre en place des mécanismes de redistribution appropriés. C'est ce qui s'est fait avec succès au sein de la Communauté européenne avec les premiers élargissements (Espagne, Portugal, Grèce), et moins bien avec les seconds (les anciens pays du bloc communiste), la solidarité n'ayant pas été élargie et le budget communautaire étant devenu beaucoup trop étriqué (1,23 point de PIB seulement). C'est ce qui ne s'est pas fait au niveau mondial, où les politiques économiques ne sont pas assez coordonnées et où le privilège du dollar permet aux États-Unis de vivre dans un déficit extérieur permanent lourd de menaces, tandis que, en contrepoint, d'autres pays comme le Japon, puis maintenant la Chine, peuvent accumuler des excédents considérables aux dépens de l'emploi des autres.

On a eu tort de ne pas ouvrir plus tôt le dossier lourd et complexe des nouvelles régulations du capitalisme. Le mérite de la crise actuelle a été, au moins, d'obliger les gouvernements et les élites à ouvrir les yeux et à poser une bonne partie des problèmes. Mais l'essentiel reste à faire. Et le risque est grand qu'un sauvetage réussi à court terme, en repoussant les périls, n'aboutisse à renvoyer à plus tard la solution de questions cruciales, mais délicates et politiquement peu rentables. C'est pourtant à cela qu'il convient de s'atteler sans attendre, puisque « la maison brûle ».

Remettre l'argent à sa place

« L'argent bon serviteur, mais mauvais maître » : cet adage fixe à lui seul la ligne de conduite[4] !

Tout d'abord, avoir des normes comptables qui mettent fin à la dictature du court terme : dans un souci de sincérité instantanée, on a obligé les détenteurs d'actifs cotés en Bourse à prendre en compte immédiatement toute variation de leur prix, là où, antérieurement, c'était la valeur d'entrée qui restait inscrite. L'expérience a montré que ce mode de comptabilité accroît les effets cycliques de manière importante et artificielle : en période de hausse, les fonds propres s'accroissent tout seuls, l'euphorie s'installe et la tentation de prendre toujours plus de risques devient irrépressible ; en période de baisse, tout se contracte de manière exagérée, et l'activité économique puis l'emploi en sont victimes ; il faudrait donc revenir aux normes comptables antérieures ; mais le monde anglo-saxon reste confiant dans l'objectivité du marché et sa capacité à déterminer le juste prix, sans voir qu'il privilégie l'immédiat aux dépens du durable. L'une des leçons de la crise, c'est qu'il faut passer d'une confiance idéologique excessive dans les marchés financiers, qui soumet la société à l'errance des valeurs, à une confiance réfléchie et contrôlée qui s'efforce de stabiliser les valeurs sans les figer.

---

4. Voir Charles-Henri Filippi, *L'Argent sans maître*, Descartes, 2009.

Ce faisant, on ne touche pas à l'esprit de lucre qui a envahi les organisations et qui engendre la casse sociale. Les économistes savent que, sur longue période, la rentabilité moyenne ne peut guère excéder la croissance de la production. Une rentabilité très élevée recherchée toujours et partout entraîne et implique des pertes qui peuvent prendre différentes formes. Par exemple, les groupes financiers qui achètent des entreprises en vue de les rentabiliser davantage valorisent les secteurs rentables de celles-ci en se délestant de ceux qui le sont moins ou sont seulement en équilibre, les secteurs en perte étant éliminés ; alors que l'entreprise traditionnelle réalise une certaine péréquation dans le temps et dans l'espace entre les activités, les mutualisant, favorisant ainsi une certaine stabilité interne ainsi que des possibilités de mutation plus sécurisantes pour les personnes, l'entreprise rentabilisée au forceps procède à la dépéréquation des activités, à coût humain élevé. La solution à cette question n'est pas réglementaire, mais fiscale : si l'excès de rentabilité engendre des coûts sociaux qu'il faut ensuite réparer en mobilisant des ressources publiques, il faut taxer ces excès pour neutraliser ce qui devient un avantage indu obtenu aux dépens de la collectivité. Le taux de taxation des bénéfices doit donc être progressif lorsque le taux de rentabilité s'élève [5]. Lorsque la rentabilité des fonds propres atteint un niveau élevé (15 à 20 %), le taux de l'impôt doit être relevé et retrouver le niveau qu'il atteignait pendant les Trente Glorieuses, soit 50 %. Voilà la régulation qu'il faut introduire pour civiliser le capitalisme : une sorte de malus en somme [6]. On notera en outre que ce dispositif rétablirait un meilleur équilibre entre les PME, qui ont en général une

5. Il conviendrait toutefois de lisser les effets purement conjoncturels et de raisonner par exemple sur trois ans.

6. Voir Gaël Giraud et Cécile Raynouard (dir.), *20 propositions pour réformer le capitalisme*, « Proposition 18 », Flammarion, 2009.

rentabilité raisonnable, et les grands groupes industriels ou financiers qui bénéficient de tous les avantages et de toutes les facilités de la mondialisation [7] et peuvent ainsi les capter sans en payer le prix. La difficulté est que le pays qui le premier imposera cette règle à ses entreprises se pénalisera lui-même, les capitaux s'en détournant. C'est donc dans le cadre de l'Union européenne qu'elle devrait être discutée, puis adoptée ; il serait d'ailleurs conforme à la logique du marché unique que l'impôt sur les sociétés soit communautarisé : mêmes règles pour tous les membres, taux progressif, et perception communautaire afin de renforcer les ressources de l'Union et de réduire la course au moins-disant fiscal. Les banques pourraient servir de terrain d'essais pour cette formule. Elle devrait également être promue au sein de l'OCDE, puis du G20.

La gestion des entreprises cotées en Bourse a été énormément perturbée par l'indexation de fait d'une partie très importante, voire dominante, de la rémunération des dirigeants sur les cours de Bourse, *via* les stock-options par lesquelles les actionnaires ont en quelque sorte mis les dirigeants des entreprises de leur côté. La particularité de ces produits sans risque est que leur détenteur ne peut pas perdre, mais seulement gagner, d'où la nécessité d'obtenir l'accord des actionnaires pour les distribuer [8]. La question d'une interdiction de ces produits non conformes à la prise de risque qu'implique le capitalisme est posée par certains. Si cette solution radicale n'était pas retenue, d'autres mesures devraient être envisagées pour affranchir davantage

---

7. Y compris celui de localiser leurs bénéfices là où l'impôt est le plus bas.

8. En effet, le détenteur d'une option d'achat d'action dispose du droit d'acheter l'action de l'entreprise à partir d'une certaine date à un prix fixé à l'avance ; si les cours dépassent ce prix, il lève l'option et peut, en la revendant, réaliser immédiatement le bénéfice ; si les cours de l'action restent inférieurs au prix d'exercice, il ne lève pas l'option.

la gestion des sociétés de l'évolution des cours de Bourse : taxation des options lors de leur distribution, comme aux Pays-Bas (ce qui réintroduit le risque, si l'option ne s'avère pas bénéficiaire), ou encore traitement de la plus-value comme un salaire au titre de l'impôt sur le revenu ou des cotisations sociales et non comme un produit d'épargne, ou encore de manière mixte (plus-value imposée partie comme un gain d'épargne, partie comme un salaire). Là encore, de telles mesures supposent un accord international pour éviter la délocalisation des équipes dirigeantes [9].

Quant aux salaires des dirigeants proprement dits des sociétés cotées, qu'il ne faut pas confondre avec ceux des petites et moyennes entreprises, la question d'un écart maximal de salaires entre le plus haut et le plus bas doit être posée si l'on veut réduire ce sentiment d'injustice qui marque tant les esprits aujourd'hui et crée une sorte de découragement social. Certains, s'inspirant de la doctrine de Ford, avancent un écart maximal de 1 à 30. Un impôt sur le revenu fortement progressif et atteignant des seuils élevés pour les hautes tranches constitue une autre voie de solution.

De toute manière, le débat sur la place de l'argent dans la société doit être porté au niveau européen. L'Union ne peut se contenter de mieux superviser le secteur bancaire, ce à quoi la crise l'a conduite. Elle doit s'intéresser aussi aux causes de la crise et à ses effets sur la mise en œuvre des droits fondamentaux qu'elle proclame. Et plus généralement sur les limites du marché face aux services publics et aux biens publics mondiaux [10].

---

9. Accord nécessaire en tout état de cause pour parer aux risques actuels d'évasion fiscale : un cadre qui se voit allouer des options d'achat d'actions en France et qui poursuit sa carrière aux Pays-Bas, lève ses options et en touche la plus-value dans ce pays échappe par exemple à l'impôt.

10. Ces sujets importants, qui mériteraient des développements approfondis, ne sont pas traités ici (*cf.* toutefois p. 221 et suivantes).

Reprendre la main sur le système financier

La taxation des taux de rentabilité exagérés ne suffira pas à éviter les prises de risques excessifs du secteur financier qui ont causé la crise actuelle. On pourrait même craindre que, selon le mécanisme dit de l'« effet revenu », le secteur financier n'accroisse encore plus sa prise de risque pour maintenir sa rentabilité nette, après impôt. Une reprise en main du système financier s'impose donc. Mais celle-ci est handicapée par l'extraordinaire complexité technique du dossier qui implique un niveau d'expertise élevé et rend très difficile un vrai débat démocratique. C'est pourquoi l'objectif (« reprendre la main ») importe plus que ses modalités techniques, qui peuvent être diverses. Cela suppose qu'on en revienne aux finalités et qu'on les précise : il s'agit principalement de sécuriser, de simplifier et de réguler.

L'État et les superviseurs publics, après avoir été mis hors jeu par le processus d'innovation financière, ont été impliqués de force dans la résorption de ses excès. C'est le monde à l'envers. Revenir à la normale, c'est revenir à quelques règles de base : la réglementation doit s'appliquer à toutes activités de type bancaire sans aucune exception [11]. Tout risque de crédit, qu'il soit au bilan ou hors bilan, doit être porté par une proportion raisonnable de fonds propres, et cela de manière transparente. Enfin, si l'État doit sauver des établissements en difficulté, en cas d'incapacité des autres à le faire (c'est normalement le rôle d'une « place » financière), il doit faire savoir à l'avance qu'il interviendra en capital, en rachetant celui-ci à la valeur à laquelle l'action est

11. Y compris par conséquent les *hedge funds*.

tombée, pour assurer son contrôle, et pour bénéficier de la plus-value que son intervention finira par donner au titre. Ces fourches caudines dissuaderont les établissements de prendre des engagements imprudents. L'indépendance se mérite, et la crainte de tomber dans la dépendance en cas de quasi-faillite devrait mener à des comportements plus sages.

La dissémination dans l'ensemble du système financier mondial, à quelques exceptions près, de produits toxiques, dont le niveau de toxicité même est difficile à évaluer en raison de la sophistication des innovations réalisées en dehors de toute réglementation, est le second obstacle à cette maîtrise raisonnable de la finance qui est nécessaire au bon fonctionnement de l'économie. Faut-il compartimenter à nouveau le système financier, séparer les banques d'affaires des banques de dépôt ? C'est une des options possibles, tant il est vrai que le système financier ressemble à un sous-marin qui n'aurait pas de cloisons étanches, une fuite affectant d'emblée tout le bâtiment. En tout état de cause, il convient de normaliser les produits de titrisation et les dérivés de crédit, d'en organiser le marché de manière transparente avec des organismes de compensation, et de créer des agences de notation exemptes de tout conflit d'intérêts, donc publiques.

Reste ensuite à régulariser le cycle conjoncturel pour ne plus être surpris par l'arrivée à maturité de « bulles » que l'on n'a pas vu venir, qui se sont trop développées et dont le brusque éclatement entraîne des ravages collatéraux considérables. Selon Michel Aglietta [12], le signal d'alarme doit être tiré lorsque le volume du crédit croît à la fois plus vite que le revenu réel et moins vite que la valeur réelle de marché des actifs que le crédit permet d'acquérir. La crise est largement due au fait que la hausse des valeurs, jointe aux mécanismes

12. Michel Aglietta, *La Crise*, *op. cit.*

de transfert de créances, aboutissait à accroître les effets de levier possibles, encourageant les établissements financiers à prendre des risques supplémentaires de manière imprudente et complètement procyclique. Les mesures préconisées ci-dessus (évaluation des actifs à la valeur d'entrée, et non au prix du marché, couverture minimale en capital de tout risque de crédit) constituent un premier pas pour casser la mécanique procyclique. Mais sans doute faut-il aller plus loin et, comme le suggère également Michel Aglietta, adopter le principe de « provisions dynamiques pour risque systémique », afin que le levier d'endettement autorisé soit une fonction décroissante, et non plus croissante, de l'expansion des actifs.

Les gouvernements, les banques centrales, les régulateurs ne sont pas restés inactifs depuis l'automne 2008, et la coopération s'est améliorée, tant au sein de l'Union européenne qu'au sein du G20. Leur action a permis d'éviter le pire. Mais a-t-elle remonté à la source des problèmes rencontrés, est-elle suffisante pour parer à leur renouvellement ? Il est permis d'en douter.

Revisiter les conditions d'application du principe de concurrence

La concurrence sur un marché libre est la base de l'économie de marché. Cependant, elle doit faire l'objet d'une surveillance constante car elle est tantôt trop faible, tantôt trop forte, tantôt inéquitable. Il n'est pas évident de trouver le ton juste en la matière. Les institutions, comme la mondialisation, poussent toutes dans le même sens aujourd'hui, et cela peut porter atteinte à l'optimum économique et au bien-être des personnes qui sont en définitive l'aune à laquelle tout doit être mesuré, en portant une attention particulière aux plus démunis.

Aujourd'hui, plusieurs problèmes se posent. La concurrence opérant de plus en plus au niveau mondial, les règles européennes, valables pour le marché intérieur, sont sans doute trop strictes lorsqu'elles empêchent la constitution de « champions » européens. La concurrence est faussée lorsqu'elle se traduit dans un pays donné par des excédents de paiements importants et structurels. Cela prouve que le taux de change, les salaires, les impôts, les prélèvements sociaux sont trop bas et la législation sociale trop molle. Il en est de même si les efforts réalisés pour lutter contre le changement climatique sont mal partagés et si certains pays se placent en position de passagers clandestins, profitant des efforts des autres sans s'y astreindre eux-mêmes. Au sein de l'Union européenne, zone économique régulée, la concurrence par le bas devrait être particulièrement surveillée, un marché bien géré devant s'unifier par le haut de manière progressive grâce à des politiques d'harmonisation décidées collectivement. On pourrait d'ailleurs concevoir que la concurrence puisse aussi fonctionner vers le haut, et que l'on donne, d'une manière ou d'une autre, un bonus fiscal aux entreprises qui s'efforcent de respecter des critères stricts de responsabilité sociale (*cf. infra,* chapitre 8). Les services publics, les services économiques d'intérêt général, les services sociaux d'intérêt général, qui doivent profiter à tous ont, de ce fait, légitimité à disposer de règles particulières. On peut enfin s'interroger sur les limites de la division du travail. Si le but de la démocratie est de développer les diverses dimensions de la personne, une trop étroite spécialisation fait problème, et le principe de polyvalence doit conduire à ce que chacun puisse s'orienter, tâtonner et exercer plusieurs métiers au cours de sa vie. Au niveau collectif, un pays doit pouvoir protéger quelques productions jugées essentielles pour son indépendance et son identité [13].

Les corrections nécessaires pour rendre le développement plus humain ne justifient pas le protectionnisme qui est rejet de l'altérité et refus de l'intégration dans la communauté humaine mondiale en formation, qui sera la grande œuvre du XXIe siècle. Elles appellent plutôt des institutions spécifiques et une élaboration démocratique permanente d'un droit de la concurrence qui prenne en compte tous les aspects du développement humain et pas seulement leur stricte dimension économique.

L'heure de l'économie sociale et solidaire

Dans le contexte actuel, l'économie sociale et solidaire, qui regroupe les mutuelles (de banque et d'assurance), les coopératives (de production et de consommation) et les associations d'intérêt général, prend une valeur particulière. Son poids dans l'économie n'est pas négligeable (environ 2 millions de salariés, soit 10 % de l'emploi). Elle a été moins affectée par la crise que le secteur marchand. Elle met en pratique de manière durable un ensemble de valeurs cohérentes : esprit d'entreprise tourné vers l'intérêt social et visant à couvrir les coûts de production, non à accumuler des profits, recherche d'une gouvernance démocratique indépendante du niveau des apports en capital, principes de gestion éthique, ancrage territorial, mobilisation citoyenne

13. Quitte à ce que les taxes correspondantes soient versées à un fonds pour le développement.

par le recours au bénévolat. Comme le dit Jean-Louis Laville, théoricien de ce secteur, c'est une économie où le lien est aussi important que le bien. D'une certaine façon, tout le programme du développement humain se trouve résumé là. La sobriété créative et solidaire est l'air que l'on y respire, autre manière de parler de l'abondance frugale. Les trois cultures du développement humain y sont pratiquées simultanément, et de manière équilibrée, ce qui n'est pas si fréquent : résistance permanente à la pression du marché ou de l'État, règles du jeu mettant en avant la responsabilité sociale, règles elles-mêmes en permanente adaptation, esprit d'utopie toujours présent pour vaincre l'exclusion et jouer le jeu de la coopération et de la justice plutôt que celui de la compétition et des inégalités.

L'économie sociale et solidaire doit saisir pleinement l'occasion que la crise lui donne de faire passer son message avec force. Elle constitue un contrepoids aux dysfonctionnements du système. Elle est aussi un recours : on le voit bien lorsque le gouvernement s'appuie sur elle pour limiter les effets du chômage en accroissant le nombre des contrats aidés. Mais elle est plus que cela : l'esprit qu'elle incarne doit désormais irriguer l'ensemble d'une économie en quête de boussole. C'est l'objectif qu'elle devrait se donner, suivant en cela l'initiative pilotée par Claude Alphandéry[14]. Cela suppose qu'elle soit exemplaire et qu'elle progresse dans la maîtrise des risques qui lui sont inhérents :

- risque de la perte de l'esprit pionnier, de la routine, de l'installation dans l'innovation, parfois de l'oubli des valeurs de base. On est jamais vertueux par statut, pas plus dans l'économie sociale et solidaire que dans les Églises ! L'esprit militant, l'esprit de service se perd s'il n'est pas entretenu, s'il n'est pas lié à un travail permanent sur le sens ;

---

14. Voir www.lelabo-ess.org

• risque de l'attraction par les valeurs de marché (efficacité à tout prix, management trop exigeant, recherche de puissance, voire de rentabilité, de rémunérations en phase avec ce qui se passe ailleurs) ;

• risque, inverse, de dépendance excessive vis-à-vis de l'État ou des collectivités locales toujours plus ou moins tentées par le clientélisme. L'économie sociale et solidaire suppose, dans chaque cas, un mixage approprié de recettes commerciales, de ressources bénévoles, et de contributions publiques directes ou indirectes, et cet équilibre n'est pas aisé à préserver ; lorsqu'il se déforme, ce sont les valeurs mêmes de l'économie sociale et solidaire qui finissent par être contaminées ;

• risque de ne pas suivre d'assez près l'évolution permanente de la question sociale afin d'adapter les réponses en temps voulu. Il n'est pas normal par exemple que les formes de microcrédit inventées au Bangladesh par Yunus n'aient pas trouvé leur place dans les différentes formules existantes de crédit mutuel. L'essentiel des actions menées pour combattre le chômage de longue durée, dans l'ensemble très innovantes, notamment l'insertion par l'activité économique, a pris la forme associative, mais n'a jusqu'à présent que peu pénétré le monde des mutuelles ou des coopératives (contrairement par exemple à ce qui s'est passé en Italie) ;

• risque enfin d'une certaine concurrence individualiste entre structures qui se battent pourtant pour la même cause, mais sont en compétition de fait en termes de renommée médiatique et d'apport de ressources, qui, quelles qu'elles soient, ne sont pas illimitées. La logique voudrait pourtant que chacun considère le succès de son voisin comme le sien propre !

En d'autres termes, le développement de l'économie sociale et solidaire dépend beaucoup des capacités et de l'éthique de ceux qui l'animent et qui, le plus souvent, surmontent ces risques.

Comment, dans la situation actuelle, faire jouer à l'économie sociale et solidaire le rôle qui peut et qui doit être le sien pour réorienter l'économie vers le développement humain ?

La nécessaire valorisation symbolique et politique de ce que représente, quantitativement et qualitativement, ce secteur pourrait être assurée par des états généraux et régionaux de l'économie sociale et solidaire pour examiner les *50 propositions pour changer de cap* du laboratoire de l'économie sociale et solidaire ? On pourrait préparer ces états généraux en regroupant et hiérarchisant les propositions autour de quelques projets dont les valeurs sociales, écologiques, économiques de réparation mais aussi de transformation sont indiscutables et dont l'objet est clair, explicite, réalisable et évaluable. Parmi ces projets, celui d'accroître la mobilisation citoyenne autour de l'économie sociale et solidaire, de lui donner une place éminente tout au long du système éducatif. Les citoyens, particulièrement les jeunes, aspirent à la solidarité ; il faut leur en ouvrir le chemin, les aider à résister au marketing ambiant, valoriser les échanges de savoir-faire, le travail bénévole, l'entrepreneuriat social, l'agriculture paysanne.

À cet égard, le développement d'un service civique, d'abord sur une base volontaire pour les jeunes, puis progressivement, si un accord général se fait, sur une base universelle et intergénérationnelle, serait à la fois un moyen de fournir des ressources humaines à l'économie sociale et solidaire, et de diffuser ses méthodes et ses valeurs. L'idée que, au cours de son existence, chacun doit donner quelques mois de sa vie à des activités bénévoles utiles à la collectivité, à un moment choisi par lui et sous les formes les plus souples possible, pourrait s'imposer progressivement et être sanctionnée non pas par une obligation du type de celle qui prévalait pour le service militaire, mais plutôt par une sorte de bonus-malus, par exemple en termes de droits à la retraite. Ce serait là en somme une forme d'abondance frugale et solidaire, tout de même moins lourde que celle qui consistait à être prêt à donner sa vie pour son pays.

Ensuite, former sur une large échelle des entrepreneurs sociaux, sur une double base managériale et éthique, tant en formation initiale qu'en formation continue leur permettrait d'exercer leur talent non seulement dans l'économie sociale et solidaire, mais aussi dans le secteur marchand ou dans le secteur public ! D'ailleurs, la formation des directeurs de ressources humaines, comme celle des dirigeants en général, et, pourquoi pas, celle des futurs financiers, gagnerait à comporter un stage dans une structure de l'insertion par l'activité économique : ils y verraient à quelles conditions le respect des normes productives est compatible avec le respect des personnes ; ils y verraient aussi les ravages que produit le chômage de longue durée et mesureraient mieux les effets collatéraux de l'irresponsabilité sociale.

Plus généralement, des partenariats plus intenses entre le secteur marchand, le secteur public et celui de l'économie sociale et solidaire seraient enrichissants pour chacun. Comment les développer ? Les terrains possibles sont nombreux. Mais, dans le contexte français actuel, le champ de l'insertion pourrait constituer un terrain particulièrement propice. Celui-ci est caractérisé par une trop grande segmentation des publics. L'action d'insertion, en France, est trop spécialisée : elle est confiée au secteur de l'« insertion par l'activité économique » sur lequel on se décharge d'une tâche qui devrait incomber à tous ; du coup, le principe de mixité ne fonctionne pas, contrairement à la pratique des coopératives sociales italiennes, et le risque de ségrégation involontaire est réel ; les entreprises et les administrations doivent être davantage impliquées dans le travail d'insertion. Cela peut se faire soit de manière volontaire, soit en liaison avec le développement de la responsabilité sociale. Le développement des clauses sociales dans les marchés publics ou privés peut aller dans la même direction, en faisant exécuter une partie des heures de travail par des personnes éloignées de l'emploi. Mais il est peut-être temps d'aller plus loin et d'envisager une obligation pour les entreprises et les administrations : avoir dans leurs effectifs des personnes embauchées alors qu'elles étaient en situation de chômage de longue durée et éligibles aux structures de l'insertion par l'activité économique. À défaut, les entreprises paieraient une taxe qui serait affectée au financement des contrats aidés. Une régulation se mettrait en place permettant à la société de s'assurer elle-même contre le risque d'exclusion qu'elle génère : si les comportements de responsabilité sociale se généralisaient, il y aurait moins besoin de contrats aidés ; dans le cas inverse, ces contrats bénéficieraient d'un financement stable et assuré, contrairement à la situation actuelle. De nouveaux mécanismes de solidarité seraient institués permettant d'attaquer à la racine les discriminations diverses qui affectent les demandeurs d'emplois. Parallèlement, les professionnels de l'insertion par l'activité économique auraient un plus grand nombre de points de sortie dans le secteur marchand et dans le secteur public pour les bénéficiaires de leurs actions.

Quant aux pouvoirs publics, collectivités territoriales au premier chef, mais aussi l'État, ils doivent soutenir ce mouvement sur le terrain. L'État, en particulier, ne doit pas se dégager de son pouvoir animateur et régulateur en la matière. Il doit inscrire l'économie sociale et solidaire dans l'ensemble de ses politiques, ne pas séparer l'innovation sociale et l'innovation technologique, intégrer le dialogue social dans chaque instance, soumettre les commandes publiques à des objectifs de développement durable. Pourquoi pas, à la suite des états généraux et régionaux proposés ci-dessus, un plan de développement de l'économie sociale et solidaire contractualisé avec les régions, une agence pour la création d'entreprises d'économie sociale et un crédit d'impôt recherche pour encourager l'innovation sociale ?

Enfin, il est essentiel que l'Union européenne arrête une position claire sur les services sociaux d'intérêt général. L'existence de ceux-ci, leur spécificité doivent être pleinement reconnues, et le principe de concurrence adapté à leur nature propre afin que l'État et les collectivités locales, dans leur partenariat avec ces structures, ne soient pas systématiquement obligés de recourir à la formule contraignante des marchés publics.

Élever le niveau de responsabilité sociale des acteurs

On l'a vu, consommateurs et actionnaires exercent une pression trop forte sur les managers et les salariés. Comment rééquilibrer ce rapport de forces ? Cela ne va pas de soi. Les mesures réglementaires, en admettant qu'elles soient possibles, corrigent mal les rapports de forces. Les syndicats en période de chômage ont du mal à faire contrepoids. Deux pistes peuvent, malgré tout, être empruntées.

La première consiste à soutenir le développement d'acteurs soucieux de responsabilité sociale. C'est-à-dire d'acteurs pour qui l'efficacité de l'action ne doit pas être atteinte aux dépens de règles de solidarité et de justice sociale.

S'agit-il des consommateurs ? On pourrait aller au-delà de la qualité ou du prix des produits, au-delà des formes de commerce équitable ou des produits bio et indiquer sur chaque produit la notation sociale du producteur, afin que les achats courants privilégient les productions réalisées avec le souci de garantir aux salariés de bonnes conditions de travail.

S'agit-il des actionnaires ? Les formes de placement éthiques se sont multipliées au cours des diverses années et les gestionnaires de l'épargne salariale s'y réfèrent de plus en plus. Ne peut-on aller plus loin, développer des formes d'activisme actionnarial plus intenses afin que, lors des assemblées générales, les questions des conditions de travail, des formes d'embauche, et, éventuellement, des licenciements, soient discutées ?

S'agit-il des entreprises, la responsabilité sociale et environnementale y est souvent affichée et proclamée et fortement communiquée, d'autant que pour les plus grosses, cotées en Bourse, la législation oblige à un bilan annuel. Là encore, la question d'une notation explicite indépendante est posée. Peut-elle être faite par des organismes qui sont rémunérés par ceux qu'ils sont chargés de noter ? Faut-il, là aussi, créer des labels publics. La question mérite d'être posée. Il y aurait de toute manière intérêt à expliciter les critères de notation, et à faire rédiger par les partenaires sociaux une « charte de l'entreprise solidaire » telle que celle qui sera proposée au chapitre 7.

Une seconde piste serait de reprendre le vieux dossier de la réforme de l'entreprise, souvent refermé aussitôt qu'ouvert. Les grandes étapes de l'évolution du capitalisme ont pourtant été marquées par des innovations importantes dans la gouvernance des entreprises, de l'invention de la société anonyme à l'acceptation du droit syndical, puis à la mise en œuvre de l'intéressement (1959) et de la participation (1967). Ces constructions ne suffisent plus. Les actionnaires pèsent désormais d'un poids trop lourd et les contrepoids sont insuffisants. Les entreprises n'ont pas encore trouvé la gouvernance conforme au principe de développement durable et de responsabilité sociale et environnementale. Les formes et les modalités de participation doivent évoluer, se diversifier, s'ouvrir à de nouvelles parties prenantes. C'est le statut même de l'entreprise qui doit évoluer. Comme l'indique Roger Godino : « L'entreprise ne doit plus être un objet dont l'actionnaire a la propriété et sur lequel il peut, en conséquence, exercer ses droits comme il l'entend, c'est-à-dire en user – et en abuser – à sa guise. Elle doit résulter désormais d'un contrat fondateur entre les parties prenantes que sont notamment, d'une part, les apporteurs de capitaux, et, d'autre part, les autres apporteurs [15]. » Parmi ces derniers, il y a les salariés, les sous-traitants, les clients, les associations partenaires, gardiennes de l'environnement et de la cohésion sociale, toutes catégories qui devraient avoir leur mot à dire dans la notation sociale de l'entreprise.

Quelle gouvernance pour le capitalisme mondialisé ?

Si cette question est brièvement abordée en dernier lieu, ce n'est pas qu'elle soit dernière en importance, c'est que nous manquons de prise immédiate sur sa résolution.

Commençons par *mieux réussir notre rendez-vous avec l'Union européenne*, en utilisant à plein, faute de mieux, le nouveau cadre que nous donne le traité de Lisbonne. Soyons conscients que, sans l'euro, les différentes monnaies européennes auraient flotté comme des coquilles de noix

15. Roger Godino, *Réenchanter le travail. Pour une réforme du capitalisme*, La Découverte, 2007.

ballottées en tous sens, en sorte que les plans de relance qui ont été mis en place auraient été encore moins coordonnés et auraient relancé l'inflation. L'important maintenant est de réussir la supervision financière qui a fait défaut, de mieux articuler la gestion des politiques économiques, et de gérer en commun, et non pas chacun de son côté, la résorption de l'excès d'endettement provoqué par la crise, ce qui suppose d'accepter des disciplines communes réalistes. Cela n'est pas possible sans une montée en puissance d'un véritable budget communautaire adossé sur une ressource propre. La communautarisation de l'impôt sur les sociétés serait cohérente avec le principe de marché unique, et une suite logique de l'instauration d'un régime commun de TVA. Cela suppose des règles harmonisées et un taux d'IS minimal qui serait affecté au budget communautaire et pourrait être progressif, croissant avec le taux de rentabilité du capital, comme il a été proposé plus haut [16].

On ne peut cependant pas se contenter de perfectionner les règles du marché unique. L'Europe doit affirmer de manière plus claire et plus volontaire son identité en tant que modèle de développement particulier dans le monde globalisé. Elle est allée dans cette voie à Copenhague pour faire face au changement climatique et il est dommage que ses propositions n'aient pas été retenues. Elle doit aller beaucoup plus loin désormais. Se rallie-t-elle à l'approche de l'abondance frugale, à celle de la sobriété créative et solidaire ? Comment ces notions se déclinent-elles dans les différents États de l'Union, compte tenu de leur propre *ethos* ? Quelle politique industrielle mener en commun pour faire émerger des « champions européens », le concept de

16. Les États pourraient dépasser ce taux minimum et percevoir les recettes supplémentaires qui en résultent : ils seraient ainsi incités au mieux-disant fiscal et non au moins-disant comme actuellement.

champion national étant désormais dépassé ? L'Europe, qui a engendré le capitalisme, doit être aujourd'hui la première à le civiliser. Face aux nouveaux blocs économiques que la mondialisation fait émerger, elle doit trouver et affirmer sa place en mettant en œuvre une forme de développement humain ouvert sur les autres et dont les autres pourraient s'inspirer. Comment le définir ? Il y aurait là l'occasion d'un bel exercice de démocratie participative à réaliser à l'échelle de toute l'Europe : que pensent, que veulent les citoyens, quels efforts sont-ils prêts à accomplir, pour quels résultats ? Ce serait une belle manière de donner vie aux nouvelles institutions, de les mettre en phase avec les citoyens.

Les méthodes qui ont permis de faire progresser l'Europe peuvent-elles inspirer une gestion plus juste et plus efficace de la mondialisation ? Cela suppose d'abord que l'Europe élève son niveau d'exemplarité, qui n'est pas suffisamment convaincant ; il faut aussi qu'elle écoute autant qu'elle se projette. Il faut surtout s'entendre sur un certain nombre de questions stratégiques.

- La bataille « entre la vision court-termiste du modèle qui privilégie l'image financière de l'entreprise et la vision de long terme du patron d'industrie qui privilégie l'investissement [17] » n'est pas tranchée en Europe. Comment pourrait-elle l'être au niveau mondial ? Commençons par clarifier nos positions !
- La coordination des taux de change et donc des politiques économiques est essentielle, car la croissance mondiale ne peut être durable avec un pays en déficit extérieur structurel qui vit au-dessus de ses moyens et qui s'endette continuellement (les États-Unis) et un pays qui, à l'inverse, accumule des réserves de change et donc de puissance aux dépens de la satisfaction de ses citoyens (la Chine).

---

17. Jean-Michel Lamy, *Le Nouvel Économiste*, décembre 2009.

La fausse abondance, mal répartie, des premiers n'a d'égale que la frugalité imposée qui prévaut chez la seconde. Le principe de l'abondance frugale aurait là matière à s'exercer. Mais les États-Unis sauront-ils abandonner leurs privilèges en échange de plus de justice et la Chine cesser de dériver le besoin de démocratie en volonté de contrôle et de puissance ? L'Europe en général, l'euro en particulier, fait les frais de ce bras de fer implicite. À elle de se renforcer et de parler plus fort.

• Il n'y a pas de civilisation possible sans normes communes et sans un minimum de redistribution. L'unité de la planète est à peu près réalisée dans le domaine de la communication. Elle est loin de l'être dans le domaine politique, même si le rôle de l'ONU s'est accru. La création d'un espace de redistribution commun est la condition d'une reconnaissance politique concrète de la commune humanité qui nous réunit déjà. Cela suppose la suppression des paradis fiscaux, qui est loin d'être acquise, malgré les progrès réalisés. Cela suppose un impôt commun, par exemple une taxe sur les transactions financières. Celle-ci pourrait servir soit à aider les pays pauvres à faire face au changement climatique, soit à mieux réguler les migrations, tant en réduisant la pression à l'émigration forcée dans les zones pauvres qu'en aidant les pays riches qui font un effort particulier pour accueillir des immigrés. Cela suppose enfin la reconnaissance concrète d'un certain nombre de biens publics mondiaux, tels que l'air, l'eau, les médicaments de base.

Les institutions mondiales, sous l'effet de la crise, ont progressé. Le G20 est en net progrès. Il reste que les grands objectifs du millénaire ne seront pas atteints, parce qu'ils n'ont pas été ancrés dans des systèmes de valeurs et de comportements rénovés, tant dans les pays riches que dans les pays pauvres. Dans les deux cas, l'accès à l'essentiel des uns passe par un minimum de frugalité des autres. La question d'un partage créatif des richesses se joue aussi bien au sein des pays riches qu'au niveau mondial. Elles ne sont pas sans lien. Car il y a toujours le risque que ce soient les plus pauvres du pays le plus riche qui aident les plus riches du pays le plus pauvre. Justice nationale et justice internationale doivent aller de pair. Elles ne se conçoivent pas sans démocratie et absence de corruption. Alors, les plus riches pourront accepter de payer deux fois, une fois pour l'intérieur, une fois pour l'extérieur, proportionnellement à leurs moyens.

CHAPITRE 6

Plein-emploi

L'abondance frugale est liée de manière consubstantielle au plein-emploi. Les deux notions sont indissociables. Mais le plein-emploi que vise l'abondance frugale n'est pas le même que celui auquel on se réfère généralement. Il s'en distingue de deux manières :

• d'une part, il s'agit du plein-emploi de l'ensemble des capacités humaines, pas seulement celui des capacités professionnelles, mais aussi celui des qualités relationnelles et spirituelles (*cf.* ci-dessus chapitre 2) ;

• d'autre part, en ce qui concerne la dimension professionnelle de ce plein-emploi, il s'agit d'un plein-emploi à temps choisi ; l'abondance frugale porte par définition une attention particulière à l'articulation entre les différents temps humains, afin que le temps professionnel, avec son intensité, ne parasite ni la vie familiale, ni les activités amicales ou bénévoles, ni les démarches personnelles d'intériorité ; elle suppose le temps choisi qui s'oppose de manière radicale au temps subi.

Le plein-emploi de l'abondance frugale est donc un plein-emploi élargi, qui relativise par voie de conséquence l'emploi professionnel et le travail socialisé rémunéré *stricto sensu*. La centralité de celui-ci, son poids dans la vie de chacun, son rôle dans l'échelle des valeurs et des considérations sociales se trouvent diminués au profit d'autres formes de reconnaissance.

Cela dit, relativisation ne veut pas dire minimisation, confusion fréquente ! Même si le travail rémunéré occupe une place moins grande dans la vie de chacun, son importance dans la construction de la personne restera essentielle. Cet apport de la modernité, il faut le préserver, et d'ailleurs il s'agit d'être vraiment postmoderne, pas antimoderne. Relativisé, le travail rémunéré ne sera pas moins important, mais autrement important. C'est en tout état de cause lui qui fournit les ressources de base dont chacun a besoin, et cela d'autant plus qu'il se contente de peu ou de moins. Vivre de manière plus sobre en augmentant son bien-être suppose de vivre de façon plus sûre et moins précaire. Donc avec un travail assuré, régulier, ce qui ne veut pas dire figé. Pas avec des revenus de remplacement qui n'assurent jamais vraiment l'autonomie et qui ne devraient servir que de manière transitoire, pour le passage d'un emploi à un autre. Le travail à temps vraiment choisi suppose que le droit au travail soit globalement assuré pour chacun (étant admis par ailleurs que le travail à temps choisi des uns peut contribuer à réduire le non-travail subi des autres). C'est dire que cette vision élargie du plein-emploi ne suppose aucune résignation au chômage, aucun abandon vis-à-vis du caractère fondamental du droit au travail, aucune concession à l'égard du recul qui l'a caractérisé ces derniers temps.

En somme, *le retour à un plein-emploi de qualité, à temps choisi, est à la fois une condition de l'abondance frugale et une forme première de concrétisation de celle-ci.* D'un côté, il est impossible de plaider pour l'abondance frugale et d'être entendu si l'accès de tous au revenu de base que permet le travail n'est pas assuré, puisque c'est la (relative) abondance minimale à laquelle chacun a droit avant même que le principe compensateur de frugalité puisse être seulement invoqué. De l'autre, le retour au plein-emploi décent a, comme on le verra, un prix et requiert d'importants efforts collectifs qui doivent être acceptés, ce qui ne va pas de soi. Car ces efforts impliquent une manière de reconversion de notre conception actuelle de l'abondance, fausse parce que irréfléchie, individualiste et inégalitaire. Passer d'une abondance illusoire qui exclut à une abondance partagée qui inclut en mobilisant les ressources d'une frugalité appropriée, proportionnée aux possibilités de chacun, et créative, voilà ce qui constitue un enjeu de société et une composante essentielle d'une politique de retour au plein-emploi. En un mot, le plein-emploi de qualité est un point de passage obligé vers l'abondance frugale. Il suppose déjà que les valeurs de celles-ci commencent d'être partagées.

Ravages du chômage

Ces ravages sont de deux ordres. Les premiers sont bien connus, régulièrement rappelés par les médias, objectivables. Le chômage coûte cher, car il coûte deux fois, d'abord en diminuant les ressources publiques (impôts et cotisations sociales), ensuite en créant des charges supplémentaires (indemnisation ou minima sociaux) ; c'est un manque à produire qui pénalise tout le monde. Ainsi, il détruit les équilibres économiques et financiers, mettant en péril le financement des régimes sociaux, aggravant le choc démographique et rendant inopérantes les politiques de lutte contre la pauvreté. Source de grandes souffrances individuelles, il peut mener à l'anomie et à la violence, contre soi (le taux de dépression et de suicide des demandeurs d'emploi est élevé), contre les autres (beaucoup de couples ne résistent pas à l'épreuve du chômage), contre la société (les brusques flambées de violence dans les quartiers dits difficiles sont souvent liées au chômage des jeunes). On l'admet sans peine : si l'emploi ne règle pas tout, loin de là, le chômage, lui, dérègle tout. Il rend insolubles des problèmes déjà difficiles en eux-mêmes (tels l'accès au logement, la lutte contre la ségrégation urbaine ou l'intégration des personnes d'origine étrangère).

Si le chômage est une peine pour tout le monde, si les sondages indiquent qu'il constitue une préoccupation majeure, pourquoi n'arrivons-nous pas à le prendre vraiment à bras-le-corps et à le réduire ? C'est là qu'intervient une sorte de mal insidieux. Le chômage, un diable est caché dedans. Il devrait mobiliser, comme le fait la moindre atteinte aux libertés publiques. Pourtant, il démobilise. L'inconscient collectif est peu à peu atteint par une sorte d'anesthésie dont il perd la conscience même. D'abord, on s'habitue. Puis on se résigne. Cela se fait progressivement, selon un consensus d'autant plus dangereux qu'il est tacite.

Les demandeurs d'emploi, si leurs recherches n'aboutissent pas, faute d'emplois en nombre suffisant ou de mauvaise adéquation avec les offres disponibles, glissent progressivement dans un autre monde, dans une autre vie, où le passé se détache, où le futur s'évanouit, où le présent s'appauvrit. Tout ce qui était simple devient compliqué, tout ce qui allait de soi ne va plus de soi, ce qui était investissement raisonnable devient risqué, inconsidéré ou, plus prosaïquement, non finançable. Comme l'écrit Charles Mérigot dans le beau récit qui relate son expérience (aux titres de parties édifiants : Partir, Tenir, Couler, Survivre, Espérer[1]), la vie devient « un songe » ou un cauchemar

1. Charles Mérigot, *Le Dit de la cymbalaire, du chômage et autres poisons*, La Ramonda, 2005.

éveillé, « une peine dont on n'a pas fixé la fin ». Le découragement gagne et la recherche d'emploi, à force de déceptions répétées, devient moins active si elle n'est pas accompagnée et soutenue. Les relations avec autrui s'avèrent difficiles et se distendent alors qu'il faudrait les renforcer. Le silence s'installe là où la parole partagée libérerait, là où la parole collective donnerait de l'identité.

Les non-chômeurs ne comprennent généralement pas cette sorte de retournement qui se produit dans la tête des chercheurs d'emploi. Ils ne voient pas qu'on demande à ceux-ci d'être actifs, dynamiques, mobiles, sûrs d'eux, convaincants, adaptables, au moment même où ils sont fragilisés et angoissés, incertains de leur avenir, avenir dont ils peuvent avoir une vision aussi bien trop optimiste que trop pessimiste, ce qui dans les deux cas les démobilise. Les non-chômeurs souhaitent surtout échapper à l'épidémie ou ne la subir que le plus brièvement possible. Ils y parviennent le plus souvent : rappelons que la durée moyenne en emploi en France est de treize ans et qu'elle s'est plutôt accrue ces dernières décennies. En moyenne, mais pas pour tous, pas pour les jeunes ni pour les seniors, pour lesquels elle a au contraire baissé. Le monde du travail est en fait profondément duel : il y a d'un côté ceux qui ont un emploi stable ou même qui ne connaîtront statutairement jamais le chômage et de l'autre ceux qui souffrent d'une longue inactivité forcée, d'un travail intermittent ou d'un sous-emploi durable. Ces deux mondes, bien que poreux, ne communiquent pas et s'évitent soigneusement l'un l'autre. Les demandeurs d'emploi ont tendance à éluder des contacts qui leur sont souvent pénibles et dans lesquels ils ont du mal à maîtriser une certaine agressivité (pourtant compréhensible). Ceux qui sont du bon côté fuient également ces contacts, mais pour d'autres raisons : ils se sentent mal à l'aise, vaguement culpabilisés, incapables d'agir (bien à tort d'ailleurs, *cf.*

infra). Afin de s'en accommoder, ils sont tentés de juger plutôt que d'aider, ce qui n'arrange pas les choses. Alors que le lien social devrait se resserrer, il se distend. Quand l'entraide serait plus que nécessaire, elle se dérobe.

Cela n'empêche pas que, en surface, le chômage soit bien présent. Il fait partie du spectacle et de la sensibilité, pour ne pas dire de la sensiblerie, médiatique. Chaque fin de mois, dans les mauvaises périodes, la France a mal à ses chiffres du chômage et déplore le solde net positif des personnes inscrites à Pôle Emploi. Cette émotion est légitime, mais mal placée : ces 50 000 ou 80 000 inscrits de plus, pour la majorité d'entre eux, retrouveront du travail dans les six mois, et l'on devrait bien davantage s'inquiéter du sort de ceux qui sont déjà là, inscrits depuis plus de un, deux ou trois ans, et qui voient leur place dans la file d'attente reculer encore plus. Ceux-ci et celles-là, on les oublie facilement. Cet indicateur est en outre très imparfait car il reflète mal la réalité complexe du chômage et ne prend pas en compte les chercheurs d'emploi non inscrits à Pôle Emploi, notamment ceux qui ne sont pas indemnisés par l'assurance-chômage (les jeunes, les personnes qui se portent sur le marché du travail, beaucoup de titulaires de minima sociaux), ou les chômeurs découragés (qui voudraient travailler, mais ne cherchent plus car ils ne croient plus à leurs chances). Comme cet indicateur est devenu une sorte de baromètre politique, le risque est que les politiques s'organisent plus en fonction de l'indicateur (en s'efforçant de minimiser le coût budgétaire du demandeur d'emploi inscrit évité) qu'en fonction des besoins durables des personnes. Au total, les chiffres du chômage deviennent plus importants que les chômeurs !

C'est vrai qu'il n'est pas aisé de parler et de délibérer démocratiquement du chômage. Il n'y a pas en la matière d'instrument de mesure parfait. Les enquêtes trimestrielles de l'Insee sont les plus complètes mais, résultant de sondages, sont imprécises et souvent révisées. Les données recueillies par Pôle Emploi sont précises, mais elles sont incomplètes. Il ne peut donc y avoir d'indicateur unique (indicateur unique, indicateur inique !). Il en faut au moins trois pour cerner la réalité, réalité qu'il faut d'ailleurs examiner sous plusieurs angles (notamment en s'intéressant à la durée du chômage, grande oubliée des débats, ainsi qu'au chômage récurrent). Le groupe de travail du Conseil national de l'information statistique que j'avais présidé sur ces sujets[2] avait proposé, pour mieux communiquer, d'inverser la hiérarchie des priorités : le plus important, un rendez-vous annuel où on analyse en profondeur l'évolution de l'emploi et du chômage ; chaque trimestre, le commentaire de l'enquête emploi la plus représentative de la situation du chômage ; et en troisième lieu seulement, le chiffre mensuel des inscrits à Pôle Emploi (pas des chômeurs), qui est essentiellement l'indicateur de l'activité de Pôle Emploi, éventuellement un indicateur avancé de la conjoncture, à condition de ne pas prendre les chiffres au pied de la lettre et d'éviter les commentaires à la décimale près qui n'ont aucun sens. Les journalistes spécialisés sont généralement d'accord avec cette manière de voir. Mais leurs rédactions demandent des informations simples et médiatiquement monnayables !

Le chômage est multidimensionnel. Il comporte des aspects économiques, sociaux, sociologiques, psychologiques qu'il est difficile d'embrasser d'un seul tenant. Ceux qui ont en charge l'économie, les chefs d'entreprise, préfèrent parler d'emploi et s'intéressent généralement peu au chômage, bien que le chômage soit une perte pour tous. Ceux qui défendent les droits sociaux ont souvent une

---

2. *Emploi, chômage et précarité. Mieux mesurer pour mieux débattre et mieux agir* (www.cnis.fr).

mauvaise image de l'économie et des entreprises, qui licencient et sélectionnent à l'embauche, alors même qu'il n'y a pas de bon emploi sans bonne économie. Les intellectuels s'y intéressent peu, pour ne pas dire pas. Le mot chômage gêne, met mal à l'aise, on n'utilise pas volontiers le terme, on le contourne en parlant de pauvreté, d'inégalités, de précarité, termes qui apparaissent, à tort ou à raison, comme des terrains mieux balisés, plus sûrs, moins incertains et vagues, et où on peut davantage mettre l'autre à distance. Il est frappant par exemple que le fameux rapport Stiglitz qui cherche à élargir le concept de produit intérieur brut en développant des critères de bien-être parle finalement peu de chômage, source pourtant profonde de mal-être. Je suis souvent frappé, dans les débats et colloques qui traitent en fait du sujet, de la difficulté à ce que le mot même de chômage soit prononcé. Comme si notre inconscient voulait l'éradiquer. Comme s'il faisait mal à la bouche. C'est pour toutes ces raisons qu'une représentation des chômeurs devrait être soutenue et organisée : pour que le chômage ne soit pas réduit au silence, pour qu'il soit plus visible et de ce fait mieux combattu.

Car, en définitive, son denier ravage, c'est de nous persuader qu'il est inévitable, que l'on n'y peut rien et que c'est le tribut fatal de l'économie de marché et de la liberté du travail. De même que l'on a dit plaisamment que la plus grande ruse du diable consistait à nous persuader qu'il n'existe pas, la perfidie du chômage réside dans sa capacité à nous convaincre de son caractère inéluctable. Ce n'est vrai que du chômage frictionnel, du chômage de transition, nullement du chômage de masse et de longue durée. Il n'en a pas été ainsi pendant les Trente Glorieuses. Il n'en était pas de même avant la récente crise dans d'autres pays relevant pourtant de systèmes politiques différents, parfois même opposés (pays nordiques, Grande-Bretagne, États-Unis). Pourquoi pas nous ? Et comment ?

Qui est responsable du chômage[3] ?

À cette question simple, il n'est pas aisé de répondre. Car nous sommes tous, d'une manière ou d'une autre, responsables ; en sorte que nul ne l'est à lui seul. Difficile, bien que tentant de trouver le bouc émissaire idéal, bien qu'il y ait, de fait, plusieurs candidats possibles (le capitalisme, l'étatisme, le corporatisme, etc.). Mieux vaut raisonner en niveaux de responsabilité. On peut en distinguer quatre.

Tout d'abord, *le fonctionnement global du système économique*, à chaque stade de son évolution peut être, selon les moments et les lieux, favorable ou défavorable à la stabilité de l'emploi ou à sa recomposition rapide, ce qui diminue ou augmente le risque de chômage durable.

Au lendemain de la guerre, les besoins étaient immenses, les capacités de production limitées et les économies cloisonnées les unes par rapport aux autres. Il suffisait donc de produire pour vendre, dans un climat de concurrence relativement modéré. Dans ce contexte, le développement de l'industrie, l'urbanisation, la montée en régime de la société de consommation ont joué le rôle de pompe aspirante vis-à-vis de l'emploi agricole qui s'est réduit au détriment de l'emploi industriel, et des grands services publics. L'emploi s'est recomposé facilement et rapidement, le travail de masse exigeant des qualifications assez aisément

3. Je reprends ici en l'adaptant et la complétant mon intervention au temple de l'Étoile, publiée dans N. Baverez, J.-B. de Foucauld, A. Houziaux, A. Minc, *Le Chômage. À qui la faute ?*, Éditions de l'Atelier, 2005.

accessibles, et les salaires ont pu augmenter rapidement en raison des gains de productivité élevés réalisés grâce aux investissements. Il y a eu simultanément mutation de l'emploi, plein-emploi, augmentation du salaire direct, et accroissement des services collectifs et de la couverture sociale. Le prix à payer a été une inflation chronique, des crises de balance de paiements périodiques et une rémunération souvent négative de l'épargne.

Toutes ces mécaniques favorables à l'emploi se sont peu à peu inversées. La concurrence s'est progressivement accrue, dans le cadre national, puis européen, enfin mondial, entraînant le phénomène des délocalisations, qui ont pris une ampleur nouvelle. Pour produire, il faut désormais vendre moins cher que les autres des produits de meilleure qualité. Ces contraintes se sont reportées sur le travail dont on exige de plus en plus : qualités professionnelles, relationnelles, capacités d'innovation et d'implication. Sans ces qualités, l'embauche devient aléatoire. Et ce à un moment où il y a une certaine saturation des biens industriels dans les pays riches et où les emplois nouveaux se créent dans les services, notamment les services à la personne. Or ceux-ci reposent plus sur l'initiative que sur la planification et dépendent donc de la capacité d'acteurs plus nombreux à se mobiliser ; d'autre part, la productivité y est stable et ne peut être facilement augmentée. De ce fait, la marge est moindre pour augmenter les salaires directs ou indirects. Une tension s'est créée entre coût du travail et emploi, là où il y avait convergence. L'emploi et les revenus se recomposent et se redistribuent moins bien. Le risque de chômage est revenu au moment même où l'on cessait d'en faire le point focal des politiques économiques.

Ensuite, dans chaque pays, *les politiques économiques, les institutions, les acteurs doivent s'adapter à ces évolutions systémiques*, pour en bénéficier pleinement si elles sont favorables, ou bien pour contrecarrer leurs aspects négatifs dans le cas contraire. Elles le font plus ou moins rapidement et plus ou moins efficacement. La compréhension rapide des nouvelles règles du jeu, la cohérence des réponses, la bonne coordination entre les institutions et les acteurs (banque centrale, employeurs, syndicats) est un facteur essentiel de succès. Tous les pays ont connu le choc du chômage. Ils y ont remédié de manière différente et inégale. Comme on le verra, le problème français est essentiellement de n'avoir pu trouver une réponse cohérente et adaptée qui soit conforme à sa culture, faute d'avoir su choisir clairement entre les différents modèles qui marchent, mais qui supposent un effort collectif réel et durable. Notre modèle politique n'a pas su répondre au nouveau défi de l'emploi et du coup tout notre modèle social s'est effrité.

En troisième lieu, *la densité plus ou moins grande de capital social, d'entourage, de lien social qui entoure les demandeurs d'emploi* affecte le niveau du chômage. Ce type d'infrastructure humaine fournit à ces demandeurs des moyens d'action concrets, des informations économiques, des opportunités, une motivation, un appui moral et amical susceptible de contrer les tendances au découragement et à la dépression qui signent la pathologie de tout chômage durable. C'est en général le chaînon manquant des analyses, souvent négligé par les économistes. Ceux-ci ont tendance à réduire le chômage à un problème de coût du travail et à oublier que le chômage frappe des personnes et qu'un chômeur, c'est un être humain, avec sa complexité, sa souplesse, mais aussi ses rigidités qui ne sont pas nécessairement illégitimes. Par capital social sont visés ici la présence active et aidante du service public de l'emploi, l'action d'accompagnement des entreprises, aussi bien lorsqu'elles recrutent et forment, que lorsqu'elles doivent licencier et reclasser, le rôle de regroupement et d'appui des organisations syndicales, l'action des élus locaux, le soutien du secteur associatif, mais aussi celui de la famille, des voisins, des amis, tout ce qui caractérise l'entraide informelle, qui ne doit pas être négligée car c'est après tout la première ligne de défense. Ces liens, s'ils sont intenses et de qualité, s'ils soutiennent sans enfermer, s'ils poussent à l'autonomie, peuvent compenser des évolutions systémiques défavorables à l'emploi. S'ils n'existent pas et sont trop lâches, ils aggravent la situation des chômeurs. De manière plus générale, plus l'entourage est solide, plus il est possible de compenser la violence des mécanismes de marché. Et inversement, plus il est évanescent, plus ce sont les mécanismes de marché qui prennent le pas. Les pays qui, comme la France, se méfient du marché tout en cultivant l'individualisme se mettent dans une position inconfortable.

Enfin, *les demandeurs d'emploi eux-mêmes ne sont pas sans influence sur leur situation*. En effet, l'emploi n'est pas, en économie de marché, un bloc stable : chaque année, en France par exemple, trois à quatre millions de contrats de travail s'interrompent (par départs en retraite, fins de CDD ou d'intérim, ou du fait de licenciements collectifs ou individuels), et trois à quatre millions d'embauches ont lieu sous des formes variées (un peu plus ou un peu moins que les interruptions selon les années). On trouve donc en permanence des opportunités sur le marché du travail, même si celui-ci est globalement déficitaire par rapport aux besoins de la population. Selon que la recherche d'emploi est active ou non, selon qu'elle s'accompagne ou non de la disponibilité pour changer de métier ou de domicile, pour suivre ou non une formation, pour lancer ou non un projet de création d'entreprise, selon que les minima sociaux rendent attractive ou non une reprise d'emploi, l'impact sur le niveau de chômage ne sera pas le même. Les demandeurs d'emploi ont donc une certaine responsabilité quant à la durée de leur situation. Il ne faut ni la minimiser ni la surestimer, pas qui est parfois franchi de manière abusive et inconsidérée. Par exemple, s'il conduit à faire prendre à des personnes le premier emploi disponible et ne correspondant ni à leurs qualifications ni à leur vocation, l'emploi ne sera vraisemblablement pas durable. N'oublions pas que la recherche d'emploi est un art difficile et aléatoire en période de chômage de masse. C'est plus difficile que d'occuper un emploi : plus de repères, obligation de plaire, de s'adapter, de changer, de bouger. On demande plus à un demandeur d'emploi qu'à un salarié. À un moment où il est psychologiquement fragilisé, et où ses ressources s'amoindrissent. Le risque de découragement est réel et compréhensible, fût-il exagéré, et il est évidemment autoréalisateur. Le continuum avec les niveaux précédents est évident : ainsi un lien social actif et ouvert, facilitera une recherche d'emploi active. Et inversement.

Des choix cohérents doivent être faits pour que les multiples acteurs autonomes dont les comportements déterminent le niveau de l'emploi coordonnent leur action en vue du plein-emploi : soit on laisse, pour l'essentiel, le marché, avec sa rudesse et son efficacité, gérer cette coordination ; soit on l'encadre, pour l'humaniser, par des institutions (droit du travail, protection sociale, assurance-chômage, service public de l'emploi). Mais il faut que ces institutions soient bien coordonnées entre elles, et convenablement coordonnées avec le marché. Le corporatisme, l'égoïsme, le chacun pour soi sont alors les ennemis de l'emploi.

Construire une vision et une action cohérentes suppose donc d'avoir présent à l'esprit l'emboîtage, sans solution de continuité, de ces différents niveaux de responsabilité. On peut esquisser alors diverses stratégies d'action. Deux apparaissent clairement, la stratégie libérale, et la stratégie sociale-démocrate, chacune avec leurs exigences et leurs difficultés. Mais les pays qui, comme la France, n'ont pas choisi entre l'une ou l'autre, sans arriver non plus à bâtir une cohérence qui leur soit propre ne peuvent qu'échouer devant le mur du chômage. Tant qu'ils n'y remédient pas, ce qui est toujours possible.

Choisir un modèle cohérent de retour au plein-emploi

Il y a plusieurs manières de revenir au plein-emploi, qui peuvent être très différentes, voire opposées.

Le *modèle libéral* de retour au plein-emploi repose sur trois orientations liées : une baisse des impôts et des prélèvements obligatoires ; une dérégulation du marché du travail accompagnée souvent d'un blocage assez long du salaire minimum ; une individualisation des relations sociales liée à une forte responsabilisation des individus. Il est facile d'embaucher et de licencier et la faiblesse de la protection sociale oblige à travailler. La quantité des emplois est préférée à la qualité du travail. Il y a moins d'inégalités vis-à-vis de l'emploi, mais davantage d'inégalités dans l'emploi. Moins d'exclusion, plus d'exploitation.

Le *modèle de l'Europe du Nord* (Scandinavie, Danemark, Pays-Bas) est fondé sur trois orientations diamétralement opposées : un niveau élevé d'imposition globale ; des partenaires sociaux, syndicats ouvriers et patronaux, à la fois forts et responsables, qui mettent l'emploi au centre des négociations sociales, lesquelles sont globales et non segmentées ; l'organisation collective d'une flexibilité sécurisée, grâce notamment à un soutien fort, voire contraignant, vis-à-vis de ceux qui sont temporairement en attente d'emploi. On soutient fortement les individus lorsqu'ils connaissent le chômage, mais, simultanément, les incitations à se former et à s'orienter vers les emplois disponibles sont plus sévères.

Autant le premier modèle repose sur l'individualisme, l'intérêt de chacun, la responsabilité individuelle, autant le second implique un sens civique assez fort, des responsabilités collectives assumées et une capacité réelle de lien social bénéfique à autrui.

Entre ces deux cas types, des chemins de traverse, des synthèses, des compromis sont possibles, mais à condition de rester cohérent. C'est par rapport à cet impératif majeur qu'un pays comme la France s'est trouvé pris en défaut. La France, en effet, ne veut pas vraiment du modèle libéral au sens strict et complet du terme, contrairement aux affirmations tant de ses promoteurs que de ses détracteurs. Notre pays n'en prend que des morceaux, les plus alléchants, et en refuse les aspects rugueux, car il ne veut pas que les inégalités augmentent trop, que l'on sacrifie la qualité de l'emploi à sa quantité, ou que les personnes voient leur couverture sociale diminuée. Le libéralisme français est en fait un *libéral-populisme* soucieux surtout de séduire le contribuable.

Parallèlement, notre pays n'a ni la culture ni les structures collectives qui lui permettraient de mettre en œuvre le second modèle, le modèle nordique, qui constitue pourtant sa préférence implicite. Il se contente d'importations ponctuelles de ce modèle séduisant, mais exigeant, sans parvenir à en reproduire la vertueuse cohérence profonde qui fait de l'action collective pour l'emploi une priorité. Il est entravé par une sorte de *social-corporatisme*. Celui-ci se manifeste notamment par le fait que bien des « droits acquis » auxquels les Français sont attachés sont en réalité des droits croissants. Ainsi, le salaire minimum augmente plus vite que les prix, puisque son indexation majore l'indice des prix de la moitié de l'augmentation du taux de salaire ouvrier, auquel peuvent s'ajouter les coups de pouce du gouvernement. Il s'agit donc d'un droit progressif : mais ce qui est justifié en période de plein-emploi aboutit en période de chômage à élever encore plus la barrière de l'accès à l'emploi pour ceux qui en sont le plus éloignés. Ainsi, les retraites, compte tenu de leur nécessaire rattrapage, constituaient, jusqu'en 1993 et surtout 2003, un droit croissant qui entraînait des hausses périodiques de cotisations. La santé, quant à elle, reste un droit croissant dont le coût augmente plus vite que le PIB. Or, en période de sous-emploi, les droits croissants des uns risquent de s'exercer aux dépens des droits fondamentaux des autres.

La France ne parvient pas à trouver sa voie en matière d'emploi car elle est à la fois individualiste et étatiste. Elle juxtapose ces deux tendances au lieu de les articuler : à l'État, la solidarité ; à l'individu, la liberté ! Entre les deux, souvent le corporatisme. Et le marché, qui, désormais, tape dans tout cela comme dans un jeu de quilles ! Il est plus que temps de renforcer nos défenses.

Il est vrai que, pour contourner ce double écueil du libéral-populisme et du social-corporatisme, un ensemble de politiques intermédiaires entre les deux modèles a été exploré, politiques qui visaient à compenser nos handicaps nationaux et à trouver une voie moyenne. Mais il est significatif que ces politiques ont été détournées de leur finalité en sorte qu'elles sont devenues à la fois illisibles et contestées. Ainsi :

• La contribution sociale généralisée (CSG), qui, portant sur l'ensemble des revenus des particuliers, devait soulager l'appareil productif et ainsi favoriser la compétitivité et l'emploi, a surtout servi à financer un surcroît de dépenses de prestations sociales, alors que ce n'était pas son objet premier.

• D'importants allégements de charges sociales, à partir de 1993 et surtout de 1995, ont été accordés de façon discrétionnaire aux employeurs pour dynamiser l'emploi, notamment dans les services, en allégeant les coûts ; ils n'ont jamais été liés à des négociations sociales qui auraient permis aux partenaires sociaux de s'emparer collectivement et efficacement des aspects microéconomiques de l'emploi dans les branches et dans les entreprises ; surtout, ils ont principalement servi à compenser les diverses hausses du smic, tant celles relevant de l'indexation que celles provenant des coups de pouce, ou encore des 35 heures ; certes, dans ce dernier cas, elles ont contribué à créer des emplois, mais à un coût élevé, et au profit de personnes proches de l'emploi, en sorte que l'argent public investi pour réaliser, de fait, un partage de revenu qui n'était pas annoncé n'est plus mobilisable ; ces allégements conçus au départ comme offensifs pour l'emploi ont été réduits à un rôle essentiellement défensif (non plus créer des emplois, mais éviter leur suppression due aux hausses du smic) ; du coup, leur crédibilité s'est trouvée altérée.

• Des politiques d'insertion innovantes ont été peu à peu mises en place : émergence d'un secteur de l'insertion par l'activité économique, contrats de travail aidés notamment. Mais nous sommes loin d'en avoir pleinement tiré parti : contrats de trop courte durée ou à temps partiel [4], qui précarisent plus qu'ils n'insèrent, dispositifs changeant trop souvent et imposant aux utilisateurs un coût d'appropriation important, faiblesse du lien entre insertion et formation, pourtant essentiel, budgets déterminés par la conjoncture et donc instables. La qualité ayant été globalement sacrifiée à la quantité, l'insertion ne s'est pas avérée durable comme elle aurait dû l'être.

4. À l'exception des emplois jeunes.

En fait, nous accumulons les mesures comme dans un millefeuille, sans cohérence ni continuité ; or l'accumulation des mesures engendre la démesure. Le résultat, c'est la complexité, la précarité et l'exclusion. Il faut sortir de la contradiction qui aboutit à demander plus à l'impôt et moins au contribuable, comme le disait plaisamment Alphonse Allais. Il faut cesser de rêver au modèle suédois avec l'individualisme français et les impôts américains ! On ne peut à la fois promettre de fortes baisses des prélèvements obligatoires et un plein-emploi de qualité.

Pour rompre avec la « préférence française pour le chômage », opter pour le plein-emploi de qualité [5]

C'est la voie du plein-emploi de qualité qui paraît la plus adaptée à la situation de notre pays si particulier, déchiré qu'il est entre son souci de justice sociale et le couple infernal étatisme-individualisme qui sous-tend son inconscient collectif. Par plein-emploi de qualité, on entend un plein-emploi à temps choisi assorti comme actuellement d'un salaire minimum relativement élevé et indexé sur les prix, avec une bonne protection sociale et un environnement bien protégé.

Ce plein-emploi de qualité a un prix qu'il ne faut pas esquiver. Il coûte cher, car il faut de l'argent public pour soutenir l'initiative, pour développer la formation, pour alléger le coût du travail, soit globalement, soit de manière

5. Je reprends ici, en l'adaptant, une partie de l'exposé fait devant les Semaines sociales de 2006, « Croire en un monde plus juste, illusion ou espérance », *in Qu'est-ce qu'une société juste ?*, Bayard, 2007.

ciblée, pour mieux doter le service public de l'emploi, et pour développer l'économie solidaire.

Il suppose donc deux conditions à remplir simultanément : d'une part, un haut niveau de prélèvements obligatoires, prélèvements qui doivent peser plus sur le revenu que sur le travail ou l'activité ; d'autre part, une redistribution sociale orientée prioritairement vers l'emploi, qui doit donc être temporairement privilégié par rapport aux autres fonctions sociales classiques, santé, retraite, famille. Du coup, ce qui pourrait plaire aux uns ne plaît pas aux autres et inversement. En outre, chaque fois qu'un choix se présente entre donner plus de revenu et créer plus d'emploi, c'est la seconde solution qui doit prévaloir : mieux vaut financer un plus grand nombre de contrats aidés qu'augmenter sans cesse la prime pour l'emploi !

Un programme cohérent dans la durée : voilà ce qu'il est essentiel d'appliquer. Cinq variables clés apparaissent déterminantes pour construire, peu à peu, une stratégie gagnante de retour au plein-emploi dans le contexte social et culturel français.

Premièrement, l'emploi repose plus qu'hier sur l'initiative et sur l'esprit d'entreprise socialement responsable. Celle-ci suppose un climat macroéconomique favorable, une politique monétaire active, un taux de change réaliste, la suppression des entraves inutiles et un soutien à ceux qui prennent des risques. Il est indispensable, d'un point de vue économique, de démocratiser l'initiative, et d'en élargir la base sociale et de soutenir les entrepreneurs individuels. La question d'un droit à l'initiative ouvert à tous, ou d'un *capital-initiative attribué à chacun*, financé par ceux qui bénéficient des initiatives des autres, doit, dans cette perspective, être posée. Et commençons par élargir l'assurance-chômage à ceux qui créent une entreprise !

Deuxième variable clé : il faut *optimiser le couple salaire/emploi* et faire émerger un compromis capital-travail négocié favorable à l'emploi. Le mode de régulation des salaires est défaillant en France. Les salaires augmentent peu et surtout mal. Lorsqu'ils augmentent, c'est trop souvent sous l'effet des hausses réglementaires du smic et pas assez sous l'emprise de la négociation sociale. La gestion des salaires est tantôt réglementaire (au niveau du smic), tantôt discrétionnaire (au-dessus du smic). Cela aboutit à ce que 10 à 15 % des salariés sont rémunérés au smic (alors que la moyenne européenne est de 5 %), et à ce que la hiérarchie salariale est écrasée et les possibilités de promotion réduites ; mieux vaudrait pour l'emploi un salaire minimum qui augmente moins vite (en s'en tenant au minimum légal) et des salaires moyens qui augmentent plus vite et soutiennent la demande ; mieux vaudrait surtout que les salaires soient fixés dans chaque branche ou entreprise au terme de négociations globales prenant en compte les différents aspects de l'emploi. Il est regrettable que la mise à feu du dispositif d'allégements de charges sociales des employeurs n'ait pas permis d'amorcer ce processus. Cette question est à mon avis plus que jamais d'actualité (*cf. infra*).

Une attention particulière doit être portée aux personnes en situation d'exclusion de longue durée liée à une faible qualification. Pour ces personnes, des dispositions particulières doivent être envisagées. Sachant que, pour sortir quelqu'un durablement de l'exclusion, il faut payer deux fois : une première fois pour subventionner son embauche et compenser son insuffisance de productivité par rapport au coût du travail, et une deuxième fois pour le former et accroître sa productivité afin que l'équilibre soit rétabli et que l'aide à l'embauche devienne inutile. Or, jusqu'ici, les contrats aidés ont rarement été assortis, en pratique, de l'effort de formation théoriquement prévu.

Troisième variable : il faut adopter une *vision dynamique de la sécurisation des parcours*. Il s'agit de multiplier, de diversifier, de qualifier et de sécuriser les parcours, mais pas seulement de les sécuriser. Sécuriser des parcours rigides, non qualifiants et quantitativement insuffisants n'a pas de sens. Ce dont ont besoin les personnes, c'est de disposer de davantage d'occasions. Comme l'ont montré les travaux du CERC, la stabilité de l'emploi n'assure pas toujours la sécurité de l'emploi [6] ; c'est l'abondance d'emplois disponibles qui est le gage de la sécurité de l'emploi. C'est ainsi que doit être compris le concept de « flexicurité ». D'où la nécessité de soutenir les capacités d'initiative et de permettre aux personnes de gérer, voire d'inventer leurs parcours. Il y aurait lieu d'expérimenter les différentes formules qui rendent cela possible, qu'il s'agisse du contrat d'activité proposé en son temps par Jean Boissonnat (on fait carrière dans un ensemble d'entreprises avec un même contrat et des possibilités de temps libre, de temps partiel, de formation ou de tentatives de création d'entreprise), ou du système de droits de tirage sociaux imaginé par Alain Supiot (la personne utilise les différents droits qu'elle s'est peu à peu constitués en fonction de ses besoins et aspirations).

Quatrième variable : plutôt que de refermer le dossier du temps de travail, on serait bien inspiré de *rouvrir celui du temps choisi* (*cf. infra*, chapitre 8).

Enfin, cinquième variable clé : le type de *soutien à apporter aux demandeurs d'emploi* doit être précisé, et les règles du jeu stabilisées pour ne plus varier en fonction de la conjoncture. Deux orientations sont possibles : soutien faible et liberté de comportement ; ou soutien fort, mais plus contraignant. Dans ce dernier cas, de beaucoup préférable, il

6. Jacques Delors et Michel Dollé, *Investir dans le social*, Odile Jacob, 2009.

faut un service public de l'emploi bien organisé, capable de soutenir et d'accompagner vraiment les demandeurs d'emploi. Ainsi que des politiques d'insertion stabilisées axées sur la qualité et reposant sur un volume suffisant de contrats aidés. Les implications budgétaires ne sont pas les mêmes dans les deux cas.

C'est dans cette perspective de soutien que doit être revue la question des jeunes qui peinent sur le marché du travail en raison de leur faible expérience et de leur insuffisante qualification, l'Éducation nationale ne parvenant pas à les armer suffisamment et à leur donner le minimum de formation requis. Le rapport de la Commission sur l'autonomie des jeunes de 2002 [7] et le Livre vert de Martin Hirsch de 2009 contiennent un ensemble de propositions intéressantes. Il reste que la porte reste largement fermée devant les jeunes, notamment les jeunes non étudiants, peu représentés et donc mal défendus. Ils vivent une forte précarité au moment difficile de l'adolescence, avec un taux de pauvreté élevé. Il est plus que temps d'accorder le revenu de solidarité active, le RSA, à tous ceux qui s'engagent dans un parcours d'insertion fortement structuré et accompagné. Arrêtons de lésiner avec les jeunes en leur demandant plus qu'aux autres. Faisons-leur plutôt confiance en leur accordant les mêmes droits que les autres.

7. *Pour une autonomie responsable et solidaire*, La Documentation française, 2002.

2007-2009 : une politique à cheval sur deux modèles

Où en sommes-nous en cette fin d'année 2009, alors que le président de la République a fait de la réduction à 5 % du taux de chômage un élément central de son programme ? La crise a évidemment brouillé les pistes. Force est toutefois de constater que, malgré les efforts réels effectués, malgré les nombreuses mesures prises, la politique de l'emploi, composante d'une politique d'ensemble, continue à envoyer des signaux contradictoires car elle relève de plusieurs inspirations.

Le début de la législature a été marqué par des décisions qui relèvent clairement du registre libéral : abaissement du bouclier fiscal à 50 %, diminution de l'impôt sur les successions, facilités pour s'acquitter de l'ISF, exonérations d'impôts et de charges pour les heures supplémentaires, hausse du smic limitée au minimum réglementaire (pour la première fois après une victoire électorale), mise en place théorique du dispositif de l'offre raisonnable d'emploi qui définit à l'avance les emplois qui doivent être acceptés sous peine de radiation, etc.

À l'usage, cette politique s'avère comporter deux limites. La première est involontaire et résulte de l'impact sur l'emploi de la crise financière. Celle-ci a obligé l'État à intervenir fortement et à dépenser plus au moment où il venait de se priver de recettes : aides nouvelles aux entreprises, multiplication des contrats aidés, aides publiques au chômage partiel pour éviter les licenciements. Cette dernière mesure, tout à fait légitime, constitue de fait un retour à une forme particulière de partage du travail (« travailler moins pour licencier moins »). Elle met complètement en porte à faux les exonérations de charges sur les heures supplémentaires qui relèvent du slogan « travailler plus pour gagner plus » et dont il avait été signalé qu'elles risquaient d'aboutir à une redistribution à rebours de l'emploi en avantageant les salariés en place aux dépens des embauches. À tout le moins serait-il cohérent de fermer pour l'avenir ce guichet des exonérations de charges des heures supplémentaires. Plus généralement, le désarmement fiscal a accru la dette publique au moment où celle-ci explosait : il faudra bien revenir sur ce désarmement, sous une forme ou sous une autre. La bonne attitude serait que, au fur et à mesure que la croissance repart, les gouvernements européens épongent les excès de dette en coordination avec la BCE afin que celle-ci ne relève pas trop vite ses taux d'intérêt. La compression des dépenses publiques trouvant vite ses limites, il faudra bien relever les impôts sans gêner les entreprises, donc en prélevant sur les revenus. Toutefois, cet argent servira à résorber la dette et non à consolider notre modèle social dans le sens du plein-emploi de qualité.

C'est d'autant plus dommage que, parallèlement, d'autres aspects de la politique de l'emploi allaient précisément dans cette direction : pression mise sur les partenaires sociaux pour qu'ils modernisent le marché du travail, y introduisent la flexisécurité (plus de mobilité entre les emplois pour plus de stabilité dans l'emploi) et améliorent l'accès à la formation professionnelle des salariés peu qualifiés et des demandeurs d'emploi ; accompagnement par l'État de ce mouvement en incitant les organisations syndicales à se regrouper pour respecter des critères de représentativité plus exigeants ; introduction d'un embryon de conditionnalité dans les allégements de charges des entreprises (au moins ouvrir des négociations salariales et relever les minima de branche au-dessus du smic) ; taxation des entreprises qui ne changent pas d'attitude vis-à-vis des seniors ; fusion entre l'ANPE et l'Unedic afin que tous les demandeurs d'emploi, indemnisés ou non, soient traités de manière identique et afin d'améliorer l'offre de services rendus aux entreprises et aux particuliers ; simplification de l'accès au travail partiel pour les allocataires de minima sociaux avec le RSA, financé par un prélèvement sur les revenus du capital ; dialogue avec la société civile dans le cadre du Grenelle de l'insertion en vue d'améliorer la qualité des politiques d'insertion et de déboucher enfin sur le contrat unique d'insertion ; discussion avec les jeunes et leurs représentants afin que la crise ne les atteigne pas trop...

Cet ensemble abondant constitue-t-il une politique ? Sous un volontarisme réel et plutôt sympathique, elle agrège des mesures disparates reflétant le jeu de diverses influences ou, plus simplement, le poids des circonstances. La politique de l'emploi, comme les autres, est prise dans les filets de ce trinôme de sustentation qui semble constituer le socle de la politique actuelle : une option sécuritaire mâtinée d'attitude compassionnelle d'abord, un dogmatisme libéral mélangé d'activisme étatique ensuite, une gestion du social écartelée entre le populisme, le contractualisme et l'autoritarisme enfin. Ces trois couples, qui sont à la fois d'opposition et de complémentarité, permettent d'avoir toujours réponse aux demandes contradictoires des différentes clientèles et d'occuper habilement et efficacement le terrain politico-médiatique. Ils influencent à tour de rôle, selon les moments et les circonstances, les politiques de l'emploi. Permettent-ils de mobiliser la société autour d'un modèle clair et cohérent en distribuant de manière équitable les efforts qui concourent au plein-emploi de qualité ? Le fait est que, après plus d'un an de crise économique aiguë, les politiques de l'emploi, d'offensives sont devenues défensives, comme d'autres avant elles, et qu'elles peinent à trouver leur deuxième souffle, comme tétanisées. C'est d'ailleurs généralement le cas de l'ensemble des politiques à mi-législature, quels que soient les gouvernements. Pourtant, une intensification des actions en faveur de l'emploi de qualité est à la fois nécessaire et possible, à condition d'en accepter le prix et d'en intérioriser les valeurs.

L'abondance frugale pour l'emploi

La politique de l'emploi française a besoin d'un coup de fouet, qui réponde à la mauvaise situation conjoncturelle tout en mettant en place les changements culturels qui ancrent notre pays dans la préférence pour l'emploi et pour l'emploi de qualité. Quatre orientations pourraient y aider.

• *Donner du grain à moudre à la négociation collective pour créer des emplois* : à cet effet, on pourrait étendre le dispositif actuel d'allégements de charges des employeurs, mais de manière conditionnelle et négociée. L'évolution modérée du smic rend désormais beaucoup plus efficace que par le passé une telle extension [8]. Elle est possible, en théorie, pour les cotisations de Sécurité sociale des entreprises de plus de vingt salariés (passage des allégements de 26 à 28,1 %), ainsi que, surtout, pour les cotisations employeurs d'assurance-chômage (4,1 %) et de retraite complémentaire (4,5 %). Un potentiel de baisse d'environ 8 % du coût du travail au niveau du smic existe donc qui, s'il pouvait être exploité intelligemment, pourrait à la fois renforcer notre compétitivité extérieure défaillante et favoriser l'emploi à l'intérieur, notamment dans le secteur des services. Mais

---

8. Rappelons que les entreprises sont actuellement exonérées de 26 points de cotisation sociale (et même 28,1 points pour les entreprises de moins de vingt salariés) pour les salaires égaux au smic ; cette exonération décroît au fur et à mesure que le salaire augmente et s'annule à 1,6 smic.

comment faire pour que cet avantage soit mis au service de l'emploi et non pas capté par les actionnaires ? Selon la situation de l'entreprise, un usage optimal pour l'emploi de ces allégements passera par une répercussion mécanique dans le prix de vente pour élargir le marché, des investissements pour rétablir une rentabilité anormalement basse, des hausses de salaires pour motiver les salariés ou rendre l'entreprise plus attractive, des efforts particuliers de formation pour accroître la productivité, un nouvel aménagement du temps de travail, l'embauche de demandeurs d'emploi de longue durée, cette liste n'étant pas limitative. Chaque réponse doit être adaptée et c'est la négociation sociale qui doit la donner ! C'est la meilleure manière de mettre l'emploi au cœur des préoccupations des partenaires sociaux. Pour concrétiser cela, les nouveaux allégements de charges, pour être obtenus par l'entreprise, devraient être précédés d'un accord de branche ou d'entreprise destiné à en optimiser l'effet sur l'emploi. Une liste type de contenus possibles, validée par l'État, pourrait être définie par accord interprofessionnel et réutilisée ensuite : chaque entreprise pourrait, comme dans la loi senior, choisir dans cette liste le type d'accord qui lui convient et le proposer aux organisations syndicales, ou au personnel par référendum, comme pour l'intéressement, s'il n'y a pas de syndicats dans l'entreprise.

Pour financer ces allégements, on pourrait imposer aux entreprises ou aux branches qui, à une date déterminée, n'auraient signé aucun accord d'optimisation de l'emploi une réduction de leur quantum actuel d'allégement, qui serait abattu de 5 à 10 % par exemple. Non seulement, elles ne pourraient pas profiter des nouvelles exonérations, mais elles seraient légèrement pénalisées. Le malus des unes alimenterait ainsi le bonus des autres, le système de relation collective étant ainsi globalement réorienté vers l'emploi, ce qui est loin d'être le cas actuellement. Les propositions suivantes sont également de nature à fournir des ressources pour ce dispositif :

• *Universaliser l'assurance-chômage* : puisque le risque chômage est devenu général, tous doivent cotiser, tous doivent être couverts. L'assurance-chômage doit suivre la même évolution que celle de l'assurance-maladie. Franchement, étant donné la valeur de la stabilité de l'emploi, il serait normal que les agents des trois fonctions publiques et les employeurs publics cotisent à l'assurance-chômage, au moins progressivement et dans des conditions à déterminer. Cela permettrait d'abord de mieux couvrir les vacataires et les contractuels des trois fonctions publiques. Cela fournirait surtout des ressources tant pour financer l'extension de l'allégement de charges proposé plus haut que pour étendre la couverture des demandeurs d'emploi au-delà des 60 % actuels. L'assurance-chômage a trop reculé au profit des minima sociaux, qui ont pris une place exagérée. Il faut inverser la vapeur, mieux adapter l'assurance-chômage aux transformations du marché du travail, et relever le bouclier social pour compenser les conséquences sociales de la crise : mieux couvrir les primodemandeurs d'emploi, les jeunes, les chômeurs récurrents et, au moins pendant la période de crise, les chômeurs de longue durée.

• *Faire des contrats aidés un instrument stable d'action*. Ces contrats, qui constituent un instrument normal de lutte contre le chômage de longue durée et les discriminations, contribuent au développement de l'emploi. Il n'est donc pas correct d'utiliser cet instrument comme à regret et en s'en excusant au nom des circonstances, avec des fluctuations importantes qui démobilisent les acteurs. On a tort de les considérer comme une forme de « traitement social ». L'expression est désobligeante, voire stigmatisante, pour les intéressés. Elle ne correspond pas à la réalité économique et humaine des personnes qui travaillent et produisent des biens ou rendent des services utiles à la collectivité tout en favorisant le développement d'une économie sociale et solidaire plus respectueuse des personnes et moins soumise au pouvoir de l'argent. Le terme de traitement social doit être réservé à l'assurance-chômage et aux minima sociaux. Si l'on veut absolument utiliser un terme qui distingue ces contrats de l'emploi ordinaire, parlons, à la rigueur, de traitement socio-économique du chômage. Il conviendrait de définir des règles justes pour déterminer le nombre souhaitable de contrats aidés et éviter leur gestion majoritairement conjoncturelle et le caractère opaque, voire arbitraire, des décisions budgétaires prises chaque année dans ce domaine. Si le mécanisme d'obligation d'embauche proposé au chapitre 5 n'est pas retenu, il conviendrait, au minimum, que le volume des contrats aidés en cours soit lié de manière fixe au volume du chômage de longue durée. Cette stabilisation des dispositifs, devenus prévisibles, permettrait aux employeurs de développer la qualité de ces contrats et de tourner le dos aux mauvaises pratiques qui ont conduit fréquemment à sacrifier la qualité à la quantité, à développer des contrats courts, à temps partiel, sans accompagnement ni formation, pourtant essentiels, et à modifier trop souvent des outils devenus trop complexes. Les politiques d'insertion, plus que d'autres, ont besoin, pour être efficaces, de pérennité. Il serait sage de n'y toucher qu'une seule fois par législature.

• *Mettre l'usager au centre des dispositifs*. Les usagers doivent participer à la construction des politiques qui les concernent. Principe simple, affirmé notamment par l'article 2 de la loi instituant le RSA, mais qui a bien du mal à entrer dans les faits. Cela vaut pour les entreprises, qui doivent être aidées pour les recrutements concernant les postes difficiles à pourvoir, question délicate qui met en jeu de nombreux facteurs. Cela vaut aussi pour les personnes, pour les demandeurs d'emploi. Ceux-ci sont peu présents dans le débat collectif, car ils ont beaucoup de mal à s'organiser. En sorte que la principale question sociale de notre temps n'est pas portée par ceux qu'elle concerne, ce qui est contraire aux fondamentaux démocratiques. Quand donc comprendra-t-on qu'il faut aider les demandeurs d'emploi à s'organiser, aide d'autant plus nécessaire que cette organisation ne va pas de soi et qu'elle doit surmonter les handicaps particuliers de la dispersion et de l'hétérogénéité ? À s'organiser, mais aussi à disposer de moyens d'expertise qui leur soient propres pour prendre part aux débats et pour être invités à participer dans les enceintes où l'on traite de leur situation, notamment à Pôle Emploi. Le dialogue social doit s'élargir et accepter de nouveaux partenaires. Brisons, là aussi, ce mur qui sépare les sans-voix des sans-oreilles [9].

La citoyenneté active contre le chômage, expérience d'abondance frugale

Ainsi qu'il a été exposé plus haut, nous avons tous une part de responsabilité dans le chômage : au minimum, une responsabilité d'entourage, d'entraide amicale vis-à-vis des demandeurs d'emploi que nous côtoyons ; au-delà, une responsabilité plus engagée, là où nous nous trouvons. Cela ne va pas de soi.

9. Sur ce point, voir sur le site www.snc.asso.fr les actes du colloque organisé à Bercy le 18 mars 2009 par l'Agence nationale des solidarités actives, le Mouvement national des chômeurs et des précaires et Solidarités nouvelles face au chômage, avec le soutien de Pôle Emploi : *La Participation organisée des demandeurs d'emploi à Pôle Emploi*. Voir aussi J.-B. de Foucauld, « Une citoyenneté pour les chômeurs », *Droit social*, juillet-août 1992.

Tout d'abord, la lutte contre le chômage, l'aide aux chômeurs n'est pas considérée comme une cause noble ou attrayante. Bien au contraire : le chômage fait peur, le contact avec l'autre au chômage fait plutôt fuir, le mot même est soigneusement omis. L'émotion statistique mensuelle tient lieu de sympathie. La mobilisation sociale face au chômage se fait beaucoup moins bien que face à un accident ou un cataclysme, où elle est quasi mécanique. C'est l'affaire des services publics, après tout, s'excuse-t-on ! Mais jamais ceux-ci ne pourront remplacer le soutien amical de la famille, des amis, d'une association, qui ont plus de temps disponible car ils ne sont pas soumis à l'obligation d'universalité des services publics : devant aider tous les chômeurs, les services publics ne peuvent consacrer aux chômeurs qu'un temps limité, surtout si le chômage se situe à un niveau élevé. Action de l'entourage, au sens large, et action des services publics sont donc profondément complémentaires. Mais cette complémentarité reste théorique souvent. À nous de la faire vivre dans les deux sens.

Ensuite, l'aide aux demandeurs d'emploi implique un engagement dans la durée, et d'autant plus que le marché du travail est déséquilibré et que la personne, pour une raison ou une autre, est fragilisée et peu à même de satisfaire aux normes requises. Ce type d'engagement long est précisément celui qui tend à s'estomper au profit d'engagements plus ponctuels, plus « à la carte ». De ce point de vue, il est essentiel de proposer des formes d'engagement appropriées. L'engagement gradué et réversible est sans doute une condition pour un engagement durable et il n'est pas si difficile que cela à organiser. De ce fait, la diffusion des nouvelles pratiques de solidarité est lente et difficile

Ces pratiques ont pourtant un rôle essentiel à jouer. Le retour à un plein-emploi de qualité en France implique une vraie mobilisation de la société civile, une démultiplication des outils innovants qui ont été forgés dans les années 1980 : ateliers et chantiers d'insertion, associations intermédiaires, entreprises d'insertion, structures d'accueil, associations de chômeurs et de précaires, systèmes d'aide à la création d'entreprises et d'emplois par le biais du capital-risque solidaire, de prêts d'honneur, de garanties ou de microcrédits.

Comment développer l'engagement dans ces structures, comment accroître leur efficacité, comment intensifier la coopération entre elles et sortir d'une certaine forme d'individualisme collectif à la française, voilà aussi un des enjeux de la période qui vient. C'est un fait que, face à la crise, la société civile a été peu réactive jusqu'ici, chacun se contentant de creuser son sillon. Il y a pourtant plus et mieux à faire, une action plus collective à mener, un logiciel d'action commune à trouver. Ce pourrait être l'objet du pacte civique proposé *in fine*. Et d'un service civique rénové, si possible universel et intergénérationnel.

Cela est d'autant plus important qu'en luttant contre le chômage, ces associations font plus que lutter contre le chômage. Elles véhiculent tout un système de valeurs. Elles expérimentent à leur façon des formes d'abondance frugale qui pourraient s'avérer pionnières. Si je prends par exemple le cas de Solidarités nouvelles face au chômage, qui sera présenté au chapitre 7 [10], je constate que c'est la frugalité caractérisée par le partage de temps et de revenus que s'imposent les bénévoles qui crée de l'abondance sous forme de liens sociaux, puis d'emploi pour des personnes qui en sont privées, mais avec un phénomène induit de contre-don qui fait que finalement tout le monde s'enrichit. Ce n'est certes pas la société parfaite, ni même juste, où il n'y aurait plus besoin de donner (pour autant qu'elle existe) ; mais c'est

---

10. Voir également, en annexe I, l'exposé fait au Grenelle de l'insertion sur les leçons à tirer de cette expérience.

sûrement une société moins injuste et plus solidaire. La frugalité partagée est une forme d'abondance. Et, bien entendu, ce qui est dit de SNC pourrait l'être de manière comparable des autres associations qui mobilisent la société civile pour lutter contre l'exclusion.

CHAPITRE 7

Zéro exclusion ?

« La dignité des pauvres renvoie à une question plus large : la dignité de ceux qui, dans une société se voulant une société de citoyens, ne ressemblent pas, dans ce qu'ils sont *hic et nunc*, à l'image du citoyen ; de ceux, donc qui restent à émanciper dans une société censée être constituée d'individus émancipés. » Dans *Vous serez tous des maîtres* [1], dont cette citation est extraite, Philippe d'Iribarne pose cette question redoutable, à partir de l'analyse même du développement. Il démontre en effet que toute forme nouvelle de progrès, qu'elle soit politique, économique ou technologique, qu'elle s'exprime sous forme d'un pouvoir, d'une autonomie, d'une reconnaissance, crée un risque d'exclusion nouveau chez ceux qui ne peuvent y accéder. Exclusion dans le regard de l'autre autant que dans la réalité objective, l'une aggravant l'autre. La question de l'exclusion n'a donc rien de conjoncturel, elle n'est nullement liée à une situation temporaire de chômage ou à une insuffisance momentanée de ressources publiques pour délivrer telle ou telle prestation. Elle est structurelle, au cœur même du processus de croissance. Le risque d'exclusion progresse avec le développement

1. Philippe d'Iribarne, *Vous serez tous des maîtres*, Seuil, 1996.

lui-même. Toute étape supplémentaire de développement doit s'attacher à prévenir et à guérir l'exclusion qu'elle va générer si l'on n'y prend pas garde. C'est à cette condition que nous pourrons éviter la disjonction entre souveraineté et dignité, dont nous postulons trop facilement la liaison. Le développement humain durable et la lutte contre l'exclusion sont une seule et même chose.

Les formes de l'exclusion sont multiples : cela résulte de ce qui vient d'être dit. Tout progrès dans un domaine crée, au moins temporairement, des exclusions du bénéfice de ce progrès, donc un besoin de prévention et de rattrapage. Les exclusions se cumulent et se lient : l'exclusion dans un domaine en engendre d'autres dans d'autres domaines. L'absence de culture fragilise sur le marché du travail, tout comme une mauvaise santé ou une santé mal gérée. Sans logement, la recherche de travail est difficile pour ne pas dire impossible. Il est donc essentiel d'aborder la question de l'exclusion de façon globale, thèse défendue depuis toujours par ATD-Quart Monde, reprise dans le rapport du Conseil économique de Geneviève de Gaulle Anthonioz, et clairement exprimée dans la loi de 1998.

Si les développements de cet ouvrage sont consacrés presque essentiellement à l'exclusion provoquée par le chômage, particulièrement de longue durée, c'est qu'il a un pouvoir multiplicateur particulièrement corrosif. La privation de travail, en dépossédant de revenus ou en les diminuant notablement, expose à des risques accrus d'exclusion dans d'autres domaines, logement, santé, formation, loisirs. Inversement, une personne qui travaille a plus de chances de prévenir ou de guérir d'autres formes d'exclusion. Le droit au travail, même s'il ne suffit pas, même s'il ne doit pas être acquis à n'importe quel prix (une sous-rémunération) est donc une condition essentielle de la lutte contre l'exclusion.

Mettre fin au chômage de masse et au chômage de longue durée doit donc devenir notre objectif commun à tous.

Cela implique que nous portions sur l'exclusion due au chômage un regard neuf. Regard nécessaire. Car nous croyons savoir, mais nous ne savons pas. Seuls ceux qui ont subi la situation pourraient en parler de façon pertinente, car expérimentée. Mais ils n'en parlent pas pendant (c'est précisément l'un des symptômes redoutables et déséquilibrants de l'exclusion), et ils n'en parlent pas après, soucieux qu'ils sont d'oublier et de faire disparaître la trace, et de l'enfouir profond. Le regard sur l'exclusion est souvent un regard projeté, un regard qui ne regarde pas, qui ne fait que se regarder dans l'autre, et donc qui juge, discrimine, stigmatise et finalement exclut lui-même, exclut davantage. Non qu'il ne soit nécessaire d'évaluer pour mieux agir. Mais, avant d'évaluer, il faut comprendre, donc écouter, donc parler. Rien n'est plus difficile que parler, surtout de parler avec ce qui est appréhendé comme différent. Et pourtant, c'est le parler qui fait l'humain. Et le déni de parole rend inhumain, cet inhumain qui n'est jamais loin non plus.

Les mots d'ailleurs ne sont pas innocents. Ainsi, « l'exclu », « les exclus ». À proscrire radicalement et définitivement. Il n'y a pas d'exclu(s), il n'y a que des situations d'exclusion. La différence est essentielle : l'exclusion n'est pas une condition, un état, une fatalité ; c'est une situation temporaire, anormale, réversible, ce qui est tout autre chose. Cela est particulièrement vrai de l'exclusion de l'emploi, du lien social, du sens, du symbolique : chacun y a droit, chacun doit y parvenir, la société doit s'organiser à cet effet. Certes, cette situation peut durer et se rapprocher d'une condition. Certes, le passé familial, l'inscription territoriale dans un environnement dégradé pèsent lourd et peuvent aller dans le même sens. Mais tout cela est réversible, tout cela peut être changé. Plus on le croit possible, plus cela le devient. Plus on le croit impossible, plus on le rend irréalisable. L'exclusion est dans les représentations autant que dans les faits. Lutter contre les représentations qui excluent est tout aussi important que de lutter contre les situations d'exclusion. La résistance doit porter sur l'ensemble. Mais cela implique des méthodes nouvelles.

Face à l'exclusion : violence ou nouvelles solidarités ?

L'exclusion par le chômage ne s'autorégule pas spontanément. Cela la distingue fortement de l'exploitation dans le travail. Les personnes se sentant en situation d'exploitation dans une entreprise ont en commun de travailler, de faire lien entre elles, d'avoir des préoccupations et intérêts communs, de ne pas être en concurrence face à leur adversaire patronal. Elles sont par définition regroupées sur le lieu de travail et font masse. On ne peut pas produire sans elles. Elles constituent donc une force qui peut faire pression, notamment par la grève. Une certaine régulation de l'exploitation se produit donc mécaniquement ; elle est portée par la nature du phénomène. Bien entendu, elle n'est ni facile ni aisée, peut être longue à se produire, lorsque le droit syndical ou de grève n'est pas juridiquement reconnu, ou lorsqu'ils font l'objet d'une répression de fait aboutissant à l'absence de syndicats ou d'institutions représentatives du personnel, ou lorsque la situation du marché du travail est défavorable aux salariés. Elle peut d'ailleurs aboutir à des effets inverses de ceux qui sont visés (si des hausses inconsidérées de salaire mettent en péril l'entreprise). Mais le fait même que la régulation de l'exploitation puisse aboutir à une surrégulation, où le rapport de forces s'inverse temporairement en faveur des salariés, risquant de paralyser la direction et de nuire à l'entreprise, est significatif.

Rien de tel dans l'exclusion. Celle-ci frappe les personnes dans leur unicité même, dans leur identité, et altère cette dernière de façon particulière, unique, différenciée. L'exclusion accroît l'hétérogénéité de la situation des personnes là où l'exploitation homogénéise les conditions des travailleurs. Les personnes en situation d'exclusion se sentent différentes les unes des autres. Elles ont peu convenance à se retrouver, à s'organiser et à communiquer, d'abord parce qu'elles espèrent s'en tirer seules, ensuite peut-être, parce que le poids de leur propre difficulté d'être rend difficilement supportable celle des autres, comme par un phénomène de trop-plein. C'est vrai aussi qu'au-delà d'une certaine durée de chômage, au-delà d'un certain seuil de solitude et d'isolement, des formules d'accueil, d'échange, de recherches en commun sont ressenties très favorablement, mais avec le risque que cela s'opère aux dépens d'une recherche efficace d'emploi. Car, en imaginant un regroupement collectif des demandeurs d'emploi, contre qui et avec quelles armes pourraient-ils lutter ? Cela n'a rien d'évident. La personne en situation d'exclusion n'a pas d'adversaire identifié, c'est à la fois la société qui est son ennemie, si elle l'a rejetée et ne lui tend pas la main ; c'est elle-même qui est son propre ennemi si elle se décourage, n'innove pas, refuse de changer ou d'explorer de nouvelles pistes d'emploi et d'intégration. Situation dans les deux cas plus qu'inconfortable. Contre qui les personnes en situation peuvent-elles faire grève ? Contre personne. Elles sont condamnées à une sorte de grève paradoxale, celle du zèle, même pas dans le travail mais pour trouver du travail.

Il n'y a donc pas d'autorégulation sociale spontanée des phénomènes d'exclusion. Et c'est d'autant plus vrai qu'ils sont minoritaires. Moins ils touchent de personnes, plus on risque de les oublier. Alors que l'autorégulation de l'exploitation se fait au sein même de la relation sociale, celle qui concerne l'exclusion, et qui doit bien s'opérer, peut prendre trois formes principales : par le marché, par la violence, par la construction de nouvelles solidarités.

L'autorégulation de l'exclusion par le marché consiste à laisser baisser le prix du travail jusqu'à ce qu'il devienne inférieur à la productivité marginale du travail, en sorte que l'embauche reprenne. Si la baisse porte sur la rémunération du travail (dérégulation du salaire minimum), il y a plus de travail mais c'est un travail plus pauvre, au moment où la richesse augmente. Il y a peut-être moins de chômage, mais plus d'inégalités de revenus, car la baisse des salaires touche ceux qui avaient déjà du travail, et donc tout autant de violence. L'exclusion diminue, mais l'exploitation se renforce. C'est donc une fausse régulation.

La régulation par la violence prend de multiples formes, en plus de celle qui vient d'être évoquée : violence contre soi tout d'abord, de celui ou celle qui se décourage, se laisse ronger à petit feu par sa situation, va somatiser sa souffrance d'une façon ou d'une autre, avec des tendances dépressives ou suicidaires ; violence contre les proches marquée par l'irritation, la mauvaise humeur, le repli sur soi, ou l'éloignement ; violence contre la société caractérisée par un ensemble d'incivilités et de dégradations ; violence collective lorsque l'exclusion est territorialisée, et qu'un groupe suffisamment homogène se forme (habitants d'un quartier difficile, jeunes de ce quartier) et peut identifier un ennemi dont il fait le bouc émissaire de ses difficultés (police, justice, école) ; violence qui peut devenir politique si elle est organisée à cet effet. L'exclusion, plus peut-être que l'exploitation, peut faire le lit du totalitarisme : il suffit, pour reprendre l'expression de Paul Ricœur[2], que la rigueur d'une organisation soit mise au service de la cohérence d'une fiction ; violence enfin canalisée, organisée par la parole, par l'écoute, par des formes appropriées de représentation et d'expression de ceux qui souffrent, mettent en circulation la souffrance sociale et, de ce fait même, créent de l'implication, du partage, de la solidarité. Mais c'est déjà entrer dans une troisième forme de régulation, la régulation par les nouvelles solidarités, celles, précisément, qu'il convient de rechercher.

Quelles en sont les caractéristiques ? Une approche globale tout d'abord s'intéressant aux diverses dimensions de la personne et s'intéressant non seulement au travail et à l'emploi *stricto sensu*, mais aussi au lien social qui entoure (ou n'entoure pas) le ou les intéressés, et à la capacité de sens qu'ils peuvent donner à leur vie. Il faut même ajouter que plus l'exclusion est profonde et de longue durée, plus la reconstruction de l'intégration passe par le sens, le symbolique, le lien social, avant de passer par le travail et l'emploi.

Une approche par la responsabilité ensuite, qui implique, simultanément, trois acteurs principaux, tous trois convoqués à un processus de changement :

- les intéressés, tout d'abord, qui ne peuvent éviter des efforts importants, parfois héroïques, de discernement, de mobilité, d'adaptation, d'initiative ;
- l'entourage, au sens large, qui doit être conscient de la difficulté de ces efforts, afin de mieux les soutenir, les accompagner, les stimuler, offrir et organiser des opportunités ;

2. Préface du livre d'Hannah Arendt, *Condition de l'homme moderne*, Pocket, 1994.

• les politiques publiques qui doivent poursuivre leur renouvellement, susciter une croissance riche en emplois, personnaliser leur action auprès des personnes démunies et offrir à chacun, en cas de carence du marché, un travail adapté à ses possibilités sinon à ses vœux. Cela suppose à la fois la poursuite de la politique des emplois aidés et un important effort de mise à jour et d'adaptation du travail social et de l'éducation spécialisée.

En d'autres termes, tout phénomène d'exclusion met en jeu à la fois la collectivité, les acteurs de la société civile (entreprises, syndicats, associations, entourage) et les personnes en difficulté elles-mêmes. Toute vision qui entend faire porter le poids de la réintégration sur une seule de ces trois catégories est à la fois erronée et vouée à l'échec. Or c'est une tentation permanente. L'exclusion ? La faute à l'État, la faute aux entreprises, la faute aux syndicats, la faute à l'individualisme et, bien entendu, la faute aux chômeurs. La réalité est autre : nous sommes, d'une certaine façon, tous coupables, bien que souvent involontairement ou sans pouvoir faire autrement et, bien entendu, à part variable. Et, surtout, nous devons nous sentir responsables, en fonction de nos capacités. Pour mettre l'exclusion hors du monde, il faut que change tout le monde. Il faut que chacun se sente, là où il est, concerné. L'exclusion est devenue un défi fondamental de nos démocraties. On ne la réduira pas sans un civisme donnant un contenu concret à l'idée de fraternité qui couronne sur le fronton de nos édifices l'égalité et la liberté.

Réconcilier Marx et Gandhi

On ne lutte pas contre l'exclusion comme on lutte contre l'exploitation. Cette différence n'a pas été assez soulignée. Là où, dans l'entreprise, la grève peut permettre au collectif des salariés de faire pression sur l'employeur, il n'y a dans l'exclusion plus rien, sinon une mise en concurrence face à une offre d'emploi trop restreinte ; là où la loi ou la convention peuvent fixer de nouvelles règles du jeu, il n'y a que des aides qui compensent mais ne réintègrent pas ou bien partiellement. Pour que cette réintégration se fasse, il faut que ces quatre conditions qui constituent le « carré magique du sens[3] » soient réunies : une *capacité d'initiative* pour faire émerger des emplois utiles à la société et correspondants aux capacités des personnes, capacité d'initiative tant de la part de la société que des personnes en difficulté elles-mêmes ; une *capacité de coopération* entre celui qui sort de la difficulté et celui qui s'efforce d'aider, car on ne sort pas tout seul de l'exclusion, il faut qu'une main, sous une forme ou une autre, se tende, et on ne peut pas aider quelqu'un à sortir de l'exclusion sans son active participation, la main tendue en rencontrant une autre ; cette coopération ne naît pas spontanément, elle implique une *parole préalable*, parole de coopération, ou parole plus difficile et tendue, exprimant la violence cachée, le malaise, mais les révélant, les faisant accepter, et provoquant non la destruction mais la coopération, là où le silence fait le lit de la violence ; une capacité enfin à *définir en commun les règles* du jeu qui baliseront le parcours d'intégration, règles qui, fixant les droits et devoirs de la société vis-à-vis de la personne aidée et de la personne aidée vis-à-vis de la société, obligeront les deux

3. Voir J.-B. de Foucauld et Denis Piveteau, *Une société en quête de sens*, Odile Jacob, 1995, chapitre 9.

parties à un minimum de changement pour que chacun puisse prendre sa place autour de la table.

Pour toutes ces raisons, l'exclusion mobilise des ressources culturelles différentes de celles qui prévalent dans la lutte contre l'exploitation. La culture du conflit, qui reste nécessaire, mais n'est pas aisée à manier, doit être accompagnée de cultures d'écoute, de coopération, d'initiative, de définition de règles du jeu personnalisées, qui sont antinomiques avec la culture du conflit frontal collectif qui est dominante dans les conflits sociaux classiques. La lutte contre l'exclusion mobilise une culture plus composite, des acteurs multidimensionnels, une science de la complexité et des effets pervers, tout le contraire de la pensée borgne qui est la tentation permanente, d'ailleurs très explicable, des tensions sociales. La lutte contre l'exclusion requiert des ressources éthiques, des pratiques de non-violence constructive et d'écoute de l'autre. Elle demande à ses acteurs des qualités différentes. Il y a donc une certaine tendance à la spécialisation des rôles : aux syndicats la lutte contre l'exploitation, aux associations la réparation de l'exclusion.

Cette division du travail est néfaste. Elle est l'inverse de la régulation de l'exclusion par de nouvelles solidarités. Elle risque d'aboutir à une fausse victoire de l'un des camps ou à une vraie défaite des deux à la fois. Si ceux qui ont du travail oublient ceux qui n'en ont pas, refusent tout changement, obtiennent des augmentations de rémunérations qui freinent l'accès au travail des plus démunis, ou aggravent indirectement les coûts de fonctionnement de l'État aux dépens de dépenses d'aides à la réinsertion plus urgentes, la réussite de la lutte contre l'exploitation, la surrégulation de l'exploitation en quelque sorte, aggrave indirectement l'exclusion. Le corporatisme, conscient ou non (là n'est pas la question) des *insiders* aggrave la situation des *outsiders*.

À l'inverse, si l'exclusion s'accroît, si le chômage se renforce, tôt ou tard, et sauf là où des îlots de résistance particuliers subsistent, grâce par exemple à des statuts protecteurs, l'exploitation va à son tour se renforcer : les employeurs seront tentés de devenir plus exigeants, durciront les conditions de travail, accepteront moins le dialogue social. Ce renforcement de l'exploitation est à son tour de nature à renforcer l'exclusion, car des salariés plus stressés, plus usés, moins formés, s'ils sont amenés à quitter l'entreprise pour une raison ou pour une autre, seront plus vulnérables sur le marché du travail et donc exposés à un plus long chômage en cas de départ de l'entreprise.

Ainsi, bien que distincts dans leur nature, et dans leurs modes de régulation, exploitation et exclusion se nourrissent l'une de l'autre. On ne doit pas lutter contre l'une en négligeant l'autre. Il faut donc se battre simultanément contre l'une et l'autre, trouver le point d'équilibre. Donc métisser les cultures en cause, organiser leur coopération. Cette rencontre se marque particulièrement dans la nécessaire résorption de la précarité, c'est-à-dire toutes les situations d'emploi de courte durée, peu ou mal rémunéré, souvent à temps partiel non choisi, ou encore les situations d'emploi marquées par un risque perceptible de licenciement et la crainte qu'un chômage de longue durée en résulte. La précarité, en effet, est précisément le point d'intersection de l'exclusion et de l'exploitation : le précaire est à la fois semi-exploité (pas assez d'une certaine façon, au sens de pas assez longtemps, du fait de la brièveté de ses périodes de travail) et semi-exclu (il travaille, mais avec un horizon si court ou si peu prévisible qu'il se sent de fait chômeur récurrent). Lutter contre la précarité, c'est donc bien lutter à la fois contre ces deux risques.

Les frontières entre exclusion, précarité et exploitation deviennent peu à peu plus floues. La souffrance hors du travail et la souffrance au travail, telle qu'analysée notamment par Christophe Dejours, ont tendance à se rapprocher, à se recouper. Augmentation de la concurrence, soumission de fait au client, sélectivité accrue du marché du travail, précarité, exclusion, nouvelles formes de souffrance dans le travail et pathologies qui en résultent (souffrance éthique, lésions musculaires ou psychiques, *burn-out* ou épuisement, injonctions contradictoires, etc.) : tout cela forme un tout, non pas le tout du système, mais un tout important, et croissant, à l'intérieur du système, créant un déséquilibre permanent et dangereux qui appelle un effort constant de vigilance et de résistance, la recherche de nouvelles régulations, une forte motivation au changement pour éviter que, peu à peu, l'inhumain ne prenne le pas sur l'humain. En effet, la déliaison sociale qui caractérise l'exclusion contamine peu à peu les rapports de travail eux-mêmes. Constatant que, dans le travail, « les manifestations de détresse affective » mobilisent moins facilement l'entraide, Christophe Dejours parle ainsi de « l'insensibilisation progressive à la souffrance d'autrui ». Ce qui le frappe dans le harcèlement moral, ce n'est pas tant la perversion analysée par Marie-France Hirigoyen que « la passivité et l'absence de solidarité de la part des collègues de la victime et la profonde transformation du sens de la justice dans le monde du travail [4] ». Le rendement global du système, en termes globaux, ne justifie en rien de tel excès.

4. Christophe Dejours, *Travail, usure mentale*, Bayard, 2000, nouvelle édition augmentée, « Préface », p. 15 et 17.

De la lutte contre l'exclusion au combat pour un développement humain

Au cours des trente dernières années, les associations de solidarité avec les personnes en situation d'exclusion ont forgé, avec l'aide de l'État, des outils et une culture qui représentent aujourd'hui un véritable capital social. Ce capital social doit être remobilisé si l'on veut viser un objectif d'exclusion zéro, dans une société plus exigeante et plus individualiste.

Le mouvement associatif a devant lui deux grands défis : sensibiliser, interpeller pour que la cause de l'exclusion ne passe pas au second plan, pour qu'elle reste prioritaire, pour qu'on ne culpabilise pas les personnes ; innover pour faire face à un contexte nouveau et à des problématiques différentes.

Pour répondre simultanément à ces deux enjeux, il convient de prendre en compte l'ensemble des formes d'inhumanité qui apparaissent, séquelles de la crise passée, ou effets des formes nouvelles de croissance : surendettement, précarité, stress dans le travail. Il y a un continuum plus marqué entre le chômage d'exclusion et ces situations. Dans cette optique, la lutte contre l'exclusion doit être englobée dans un combat plus global et plus général pour un développement des personnes, dans leurs différentes dimensions, matérielles, relationnelles et spirituelles. Cela permettrait de trouver de nouvelles sources de motivation ou d'attraction et de générer un nouvel élan, un nouveau souffle, dans un contexte nouveau. Il s'agit en effet d'englober la lutte contre l'exclusion dans un combat plus large qui concerne tout le monde, auquel chacun a intérêt.

Une certaine période de sécurité s'achève. La croissance, la Sécurité sociale, le progrès technique ont relevé le niveau général de la sécurité. Les progrès de l'espérance de vie sans incapacité, les progrès du niveau de vie, la quasi-absence de guerre dans l'hémisphère Nord en témoignent. Les attentats du 11 Septembre marquent une sorte de rupture symbolique et pratique avec cette période, dont les signes précurseurs apparaissaient déjà. On assiste à une nouvelle montée des risques et des facteurs d'insécurité : risques politiques dus au terrorisme, le besoin de changement violent pouvant toujours trouver des causes et des appuis auxquels s'alimenter ; risques écologiques au sens large du terme ; risques technologiques (chimiques, nucléaires, etc.) ; risques sociaux dus au mal-développement. Ces derniers risques peuvent constituer la mèche susceptible d'embraser l'ensemble. L'exclusion, cette insécurité sociale aux multiples formes, crée l'insécurité civile et politique, qui est la source de toutes les tentations. Le développement humain et démocratique, au niveau des nations riches et de l'ensemble du monde, est la réponse nécessaire. La réponse au terrorisme par le seul usage de la force est plus qu'incomplète. Elle n'agit que sur les effets, non sur les causes et conditions qui le rendent possible.

Une nouvelle alliance

Contre l'exclusion et pour le développement humain, l'heure est venue de réunir, sous une forme ou une autre, plusieurs catégories d'acteurs qui travaillent séparément, dans des champs distincts, qui n'ont plus lieu de s'ignorer et doivent coopérer et s'unir. Chacun doit à la fois progresser dans son domaine et se rapprocher des autres.

Les travailleurs sociaux, éducateurs spécialisés, agents des services de l'emploi tout d'abord : les évolutions en cours devraient être vigoureusement poursuivies. À leur rôle traditionnel d'aiguillage vers les prestations légales et de soutien des personnes va s'ajouter, de plus en plus une double dimension de créations d'emplois pour les personnes en difficulté, et d'aide à la construction de soi, tant sortie durable de l'exclusion et développement personnel sont liés. Cela suppose notamment des relations plus confiantes, plus régulières, plus intenses avec le mouvement associatif.

Au sein de celui-ci il faut distinguer association de solidarité avec les chômeurs et association de chômeurs proprement dites.

Les premières, au nombre de plus de huit mille désormais, représentent un apport considérable pour la vie démocratique. Leur cahier des charges pourrait être le suivant : assurer un maillage fin du territoire pour que les différents éléments de la boîte à outils soient disponibles partout, donc s'organiser, se rationaliser, coopérer, éviter la dispersion, la concurrence ou les phénomènes de chasse gardée ; approfondir leurs méthodes, les professionnaliser pour mieux faire face à une exclusion plus profonde et traînant, au fur et à mesure que le temps passe, un poids historique plus lourd ; poursuivre la politique d'interpellation des pouvoirs publics, ainsi que cela a été fait avec le collectif Alerte de l'UNIOPPS afin de contribuer à définir les politiques publiques, et d'éviter d'être instrumentalisé et soumis à des normes d'efficacité ou de performance qui conduisent à sélectionner les personnes aidées, des formules d'évaluation *a posteriori* étant bien préférables ; coopérer davantage avec les entreprises, mais aussi avec les syndicats et – cela serait nouveau – avec les acteurs de l'environnement. Et bien sûr avec les associations de chômeurs.

Celles-ci auraient intérêt, à mon avis, à avancer dans trois directions : tout d'abord obtenir des moyens publics pour se renforcer et compenser le handicap propre de l'exclusion qui pousse à la séparation et au désengagement ; ensuite développer des moyens d'expertise propres, afin que les revendications soient en phase avec la question de l'exclusion, et non une simple démarque de la culture de lutte contre l'exploitation : il en est ainsi lorsque la revendication se porte presque exclusivement sur une hausse des minima sociaux et du smic, ce qui est compréhensible, mais peut conduire à des effets contraires à ceux qui sont visés, en accroissant le chômage et finalement l'assistance alors que le but est la réintégration dans le travail ; si le but est vraiment de réduire le chômage structurel, il n'est pas sûr que les mouvements de chômeurs aient intérêt, dans tous les cas, chaque année, à une hausse générale du smic, ou alors il faut qu'elle soit compensée par des aides publiques ; il vaudrait mieux que ce soient les mouvements de chômeurs qui le disent, plutôt que de laisser cela aux seuls économistes qui se préoccupent vraiment de plein-emploi et qu'il est trop facile de taxer ensuite de social-libéralisme. Il faut que les mouvements de chômeurs aient le courage de dire que leurs intérêts, *dans un premier temps*, ne coïncident pas exactement avec ceux des salariés en place, pour ensuite *rapprocher et concilier les revendications* et les intérêts et *contribuer à réunifier le monde du travail*. Celui-ci ne se réunifiera pas par la dissolution de la culture de lutte contre l'exclusion dans celle de la lutte contre l'exploitation, ce qui est, *de facto*, le raisonnement implicite des mouvements de chômeurs. C'est une culture commune qu'il faut construire, ce qui suppose un travail de fond qui est à peine amorcé. Enfin, il serait important à mon avis que les associations de chômeurs attachent à l'action concrète proprement dite en faveur de leurs adhérents, à leur réintégration dans l'emploi, une importance égale à celle qui est attribuée à la revendication : cela suppose, là aussi, des liens plus étroits qu'actuellement avec les associations de solidarité qui aident les chômeurs à créer des entreprises, ou leur fournissent des emplois ou de l'accompagnement vers l'emploi.

Le mouvement syndical, dans cette perspective, aurait, lui aussi, à intégrer cette nouvelle vision des choses, cette culture de la lutte contre l'exclusion pour l'intégrer dans sa vision globale. Cette préoccupation va au-delà du souci qu'ont les syndicats de mieux indemniser les chômeurs, ce dont il faut leur rendre justice, et d'offrir aux chômeurs de meilleurs services, soit en leur sein, soit *via* le service public de l'emploi ; ou encore de participer aux nombreuses instances locales de coordination des actions, contre l'exclusion. C'est un changement culturel qui apparaît nécessaire. Il est vrai que cette préoccupation est réelle chez plusieurs syndicats en France (CGT, CFDT, CFTC) avec d'importantes nuances. Mais est-on au bout du chemin ? Sûrement pas encore. Les demandeurs d'emploi ont tendance à quitter leurs syndicats : il est donc essentiel de les retenir, de leur permettre de faire entendre leurs voix en tant que tels, et de s'organiser en conséquence [5]. À moins qu'un partenariat associatif soit préféré ou qu'une combinaison des deux soit recherchée. Cela devrait conduire à ce que la réflexion destinée à fixer le niveau des revendications salariales intègre bien les conditions qui permettent aux hausses de salaires de stimuler la consommation sans provoquer de chômage d'exclusion ni diminuer le contenu en emploi de la croissance tant que le taux de chômage n'est pas redescendu à 3 ou 4 %. L'action des comités d'entreprise devrait être redéployée pour participer vigoureusement à la lutte contre

---

5. Après avoir caractérisé différentes attitudes des syndicalistes vis-à-vis des chômeurs (la peur, le sentiment d'impuissance, l'absence de temps pour faire plus, le sentiment de n'être pas assez soutenus), Germain Bertrand propose ainsi que des syndicalistes devenus chômeurs soient embauchés par leur syndicat, pour une période déterminée afin de jouer un rôle de médiateur vis-à-vis des camarades qui se trouvent dans la même situation (*Chômeurs, le syndicalisme au défi. L'expérience de la CFTC*, Éditions CFTC, 2001).

l'exclusion, tant en maintenant liens et prestations avec les salariés de l'entreprise ayant perdu leur emploi sans en avoir retrouvé un autre, qu'en soutenant l'action des associations qui luttent contre l'exclusion dans l'environnement de l'entreprise. Enfin, il serait souhaitable que les grandes négociations collectives soient précédées de contacts avec les associations de solidarité avec les chômeurs ou de chômeurs, afin que leur point de vue puisse être recueilli à temps et pris en compte.

Il est essentiel que les acteurs de l'environnement participent eux aussi à ce processus de rapprochement général. Ils sont intellectuellement très proches des associations anti-exclusion, mais pratiquement assez loin, car leurs combats sont ailleurs. Pourtant, la société de vitesse et de performance qu'ils dénoncent est précisément celle qui exclut. Pourtant, les acteurs de la lutte contre l'exclusion, en s'efforçant de fournir à des personnes au chômage des emplois de service ayant une forte composante de travail et une faible composante de capital sont, sans le savoir, des acteurs de développement durable. Pourtant, les environnementalistes, en prônant les économies d'énergie et les énergies nouvelles à la place de l'énergie nucléaire, pèsent dans le sens d'une croissance à forte intensité de travail. L'économie solidaire est le point de rencontre naturel des unes et des autres. Bref, ils ont tout pour se comprendre, s'estimer, s'appuyer, mais la connexion reste largement à faire. Il faut également renforcer la liaison entre acteurs environnementaux et acteurs syndicaux : ces derniers restent malgré tout marqués par une culture industrialiste de grandes entreprises ou de grands services publics, et sont plutôt déstabilisés par le développement des activités tertiaires et des PME, par la montée de l'exclusion, et par les critiques écologiques. Pourtant, la prise en compte de ces données diverses et complexes est sans doute une condition du maintien de leur rôle social.

Tant il est vrai qu'aujourd'hui aucun acteur ne peut se cantonner à un aspect unique de la réalité et la regarder avec des œillères : chacun doit, à sa façon, « globaliser » sa préoccupation première, non pour l'oublier, mais la relativiser et l'englober dans une vision plus large.

Des remarques identiques peuvent être formulées à l'encontre des organisations de consommateurs. Celles-ci se sont dans l'ensemble plus intéressées, jusqu'ici, aux prix et à la qualité des produits qu'aux conditions dans lesquelles ils étaient produits. La consommation socialement et environnementalement responsable est apparue peu à peu sous différentes formes (mouvement Éthique sur l'étiquette, Label vert, association Max Havelaar, qui vérifie que les circuits de production n'écrasent pas les petits producteurs). Le recyclage des déchets se généralise peu à peu et va dans le même sens. Mais la liaison avec les associations qui luttent contre l'exclusion ou pour un développement durable reste faible encore.

Quelle coopération entre les acteurs du développement humain ?

Cette alliance peut-elle prendre forme et comment ? La coopération doit-elle être organisée par les acteurs eux-mêmes ou faire l'objet d'une construction institutionnelle ? Il n'y a pas de solution claire à cette question. Ce qui est clair, c'est qu'on ne saurait réduire la lutte contre l'exclusion ou le combat pour un développement humain à une pure affaire d'organisation et d'institution. Celles-ci ont leur rôle à jouer. Mais ce qui est en cause, c'est un équilibre entre les institutions, les personnes et les choses. Équilibre délicat et subtil, qui implique dialogue, patience et innovation. C'est cette intuition qui avait inspiré la proposition d'un « engagement coopératif pour l'emploi », organisé autour d'une sorte d'échiquier de l'emploi [6]. Il apparaît en tout cas de plus en plus que le développement humain est largement un processus d'apprentissage progressif et jamais achevé, où l'on échange du changement et de la réciprocité autant que des biens ou services. Il y a là une vraie convergence entre ce qui est théorisé dans le domaine du développement durable [7] et ce qui s'expérimente et se vit tous les jours dans le domaine de la lutte contre l'exclusion. Cette démarche, il n'est pas aisé d'en définir à l'avance les contours et encore moins les résultats. Mais elle a une sorte de programme de travail tout tracé.

DÉVELOPPER LES OUTILS EXISTANTS POUR LES RENDRE PLUS SYNCHRONES

Il s'agit de mettre en place une véritable culture d'« entrepreneurs de la solidarité » et du développement durable, dont témoigneraient des acteurs et des actions soucieux prioritairement des besoins des personnes et de leur environnement, dans le travail, dans la précarité, ou dans l'attente du travail. Il s'agirait donc d'élargir la gamme des bénéficiaires, d'être davantage pluridimensionnels, d'agir plus dans le long terme, et de développer les partenariats. Il s'agit donc de créer un climat de confiance pour échanger sur les pratiques, élaguer ce qui ne marche plus, répartir les tâches et les éléments de la boîte à outils, inventer de nouvelles formules.

---

6. Voir J.-B. de Foucauld et Denis Piveteau, *Une société en quête de sens*, *op. cit.*, chapitre 11.

7. *Cf.* article de Robert Lion dans le n° 2 de la revue du club Convictions.

INTENSIFIER LA FORMATION ET LA RECHERCHE POUR TOUT CE QUI CONCERNE LA RELATION À L'AUTRE ET À L'ENVIRONNEMENT

Nous avons tous besoin de progresser dans ce domaine. Il s'agirait de se former à la relation d'écoute, à la relation d'aide, de prendre connaissance des méthodes appropriées pour « gérer les personnalités difficiles[8] », de mieux comprendre les raisons de l'alcoolisme ou des dépendances, de mieux connaître la nature anthropologique du don, d'étudier ce que disent les différentes spiritualités ou philosophies sur les relations à l'autre, etc. Il s'agirait également d'être mieux au fait des comportements responsables en matière d'environnement. Des parcours de formation et de recherche pourraient être proposés aux bénévoles et salariés des associations. Une partie de ces travaux pourrait être commune aux « accompagnateurs » et aux « accompagnés », ce qui permettrait de créer ou d'améliorer les liens entre les deux. Il s'agit ici de prendre un peu de champ pour mieux comprendre la réalité intersubjective, et d'articuler mieux développement personnel, développement économique et social durable, et citoyenneté. Tout le monde ressent aujourd'hui cette nécessité, où il convient désormais de renouer avec la grande tradition de l'éducation populaire ou communautaire, dans un contexte nouveau. En effet, le besoin de réflexion sur les conditions de la relation, du lien social et du lien avec la nature est général.

---

8. François Lelord et Christophe André, *Comment gérer les personnalités difficiles*, Odile Jacob, 2000.

PROMOUVOIR LES INTERVENTIONS CIVIQUES EN FAVEUR DU DÉVELOPPEMENT HUMAIN

Ce troisième pôle d'action consisterait d'une part en réflexions générales, si possible originales, et d'autre part en interventions ciblées, faites à partir des expériences de terrain chaque fois que nous constatons des dysfonctionnements ou des formes non humaines ou non durables de développement. Il s'agirait de mener, par exemple tous les six mois, des campagnes, soit en direction des administrations et du pouvoir politique, soit en direction des entreprises ou des partenaires sociaux. On manque, en effet, d'un instrument d'intervention efficace et reconnu qui serait organisé pour mener des actions de ce type, comme Amnesty International a su le faire en son temps pour lutter contre la peine de mort. Une formule de plate-forme interassociative, fonctionnant au niveau national et local et axée sur le développement humain pourrait ainsi être envisagée. Ce sera l'objet du pacte civique proposé plus loin.

ACCEPTER LE PRINCIPE DE LA DOUBLE REDISTRIBUTION

Comment créer les bases politiques (non politiciennes) de *cette alliance pour un développement humain sans exclusion* ? Autrement dit, comment assurer les bases politiques et sociales d'une redistribution sociale prioritairement orientée vers un emploi de qualité pour tous, équitablement rémunéré et à temps choisi ? La difficulté est la suivante : cette redistribution, il ne faut pas se le cacher, pèse indirectement sur les classes moyennes actives et, dans l'ensemble, bien intégrées, mais qui pour autant n'ont pas des fins de mois faciles et souhaitent légitimement améliorer leurs revenus. Comment donc faire accepter la préférence pour l'emploi à ceux qui ont un emploi mais ont naturellement une préférence pour le revenu, tout simplement parce qu'ils ont besoin de revenu ? Il y a à cela deux réponses : la première est que l'investissement prioritaire dans l'emploi est indispensable tant qu'une situation de quasi-plein-emploi n'est pas rétablie. Cette orientation prépare mieux l'avenir que l'inverse : l'investissement dans l'emploi d'aujourd'hui, c'est amélioration des revenus et du bien-être de tous demain, ne serait-ce que par allégement de la souffrance sociale et réduction des charges collectives dues à l'exclusion. La seconde réponse est que cette « redistribution dans la redistribution » doit être prise en charge *proportionnellement aux revenus de chacun*. On ne peut pas demander aux classes moyennes de consentir à cette préférence pour l'emploi si dans le même temps les inégalités par le haut augmentent sans limites et inconsidérément. On sort alors de l'abondance solidaire pour basculer dans l'abondance superflue ou injuste. Cela veut dire qu'il *faut mettre en place deux redistributions*, l'une générale, allant principalement des classes moyennes vers les plus pauvres et privés d'emplois, l'autre portant plus particulièrement sur les hauts revenus. La première fonction est remplie par la CSG, la seconde par l'impôt progressif sur le revenu. C'est pourquoi il faut être extrêmement réservé vis-à-vis des politiques de baisse générale de l'impôt sur le revenu. Elles peuvent avoir un sens si elles évitent un dérapage des coûts salariaux, ou la fuite à l'étranger de personnes très qualifiées. Mais elles risquent aussi de réduire indirectement les ressources publiques susceptibles d'être mobilisées pour la création d'activités et pour le retour à l'emploi. Elles menacent de délégitimer la redistribution elle-même et d'inciter à inverser à nouveau la préférence pour l'emploi en préférence pour le revenu. La double redistribution est la condition du retour à la cohésion sociale par un emploi correct accessible à tous.

C'est elle qui permettra *demain* de toucher le double dividende, celui de l'emploi maintenu et du revenu substantiellement amélioré, là où il faut encore choisir.

Les défis emblématiques de l'exclusion

L'exclusion est un défi pour les démocraties. L'écart entre la souveraineté politique, matérialisée par l'égalité du vote, et la non-participation à l'échange économique et social est devenu trop grand. On est au-delà de l'inégalité et de l'injustice : dans l'incohérence. L'exclusion constitue au sein des démocraties une minorité étrange, d'un genre spécial, ni ethnique ni culturelle mais à géométrie variable, et elle-même transitoire. Mais une minorité qui nie et contredit en profondeur les principes mêmes de la démocratie. C'est pourquoi, elle mérite, d'un simple point de vue d'équilibre politique, un intérêt particulier et une vigilance de tous les instants.

C'est un défi pour l'ensemble des forces politiques, défi fonctionnant de manière différente selon le camp auquel on s'adresse. La droite est tentée par des visions compassionnelles, assistancielles, populistes, économistes, caritatives, humanitaires qui ne répondent pas vraiment au problème posé. La gauche subit également certaines de ces tentations, mais ce qui frappe c'est sa difficulté à théoriser cette question, à en individualiser les particularités, à accepter l'entrée en lice de nouveaux acteurs, alors même qu'elle a su dégager des moyens budgétaires importants, mener des innovations réelles comme les emplois jeunes, et faire faire un pas décisif à une croissance plus forte et plus riche en emplois pour reconstituer une société du travail. Comme si tout cela suffisait, comme si on pouvait s'en tenir à une vision somme toute instrumentale. Faute d'une vision large et claire, faute d'avoir bâti dans les faits une alliance politique et sociale claire autour de la préférence pour l'emploi de qualité, le centre de gravité de sa politique est en permanence menacé de basculer vers d'autres choix. Sans doute la politique est toujours en retard sur l'analyse ; sans doute un minimum d'ambiguïté lui est-il consubstantiel, car les désaccords sont profonds sur les moyens. Mais il y aurait sûrement à poursuivre l'analyse, et cela dans les deux camps, et dans les différentes factions des deux camps. Notre débat démocratique serait considérablement enrichi s'il y avait, à partir notamment des travaux des chercheurs qui commencent à être abondants, de vrais débats et de vraies visions de l'exclusion, de l'exploitation, de la précarité, du développement humain durable. Il n'y a en général que des embryons de tout cela, assortis de propositions d'instruments qui ne vont pas au fond des choses.

Défis politiques, l'exclusion est également un défi spirituel. L'autre est sacré, l'autre est une figure de Dieu, voire Dieu lui-même, à tout le moins un frère ou une sœur en condition difficile, dont le sort importe vitalement : voilà ce que toutes les spiritualités rappellent obstinément face à la tentation de l'oubli, du dédain, de la négligence, de l'indifférence, de la peur de l'autre. Si les formes nouvelles d'exclusion, qui relancent l'exploitation et la précarité, se mettent en place, des ressources éthiques doivent être mobilisées aussi, à côté de celles des institutions, facilement débordées ; si l'exclusion monte, c'est un signe de déclin spirituel.

À ce défi s'en ajoute un autre : les ressources spirituelles à mobiliser dans la lutte contre l'exclusion doivent elles-mêmes être affinées. Il est nécessaire d'aider, mais il n'est pas facile d'aider. L'enfer, on le sait, est pavé de bonnes intentions. Comment bien faire fonctionner le « carré magique du sens » en visant la justice ?

Comment surmonter l'inquiétude, l'angoisse de la relation à l'autre en difficulté, la peur d'une sorte de contamination ou tout simplement de ne pas être à la hauteur ? Comment éviter de s'aimer un peu trop soi-même dans l'aide apportée à l'autre, cultiver une image flatteuse et narcissique de soi, en oubliant finalement l'autre, ses difficultés, en ne voyant plus que soi ? Comment résister à la tentation d'être envahi par les difficultés de l'autre, de vivre à sa place, d'être « vampirisé » ? Comment ne pas projeter ses propres problèmes sur la personne aidée ? Comment enfin trouver le ton juste entre trop ou trop peu de directivité ; trop ou trop peu d'écoute, une attitude trop pa(ma)ternelle ou trop fraternelle ?

En un mot, l'aide implique un certain travail sur soi. C'est une condition de son efficacité. Elle implique une certaine humilité, une conscience de ses limites. Elle requiert de savoir que, si l'on aide avec ce que l'on a de fort, on comprend et on communique avec ce qu'on a de faible et de difficile en soi. Toute situation d'exclusion génère un ensemble d'interrogations fortes sur le sens de la vie, le mal, la souffrance. Pas moyen d'y échapper : le sens ou la mort, d'une certaine façon. Et si l'un et l'autre sont impossibles, la régression ou la dépression, l'une et l'autre formes de mort pleines d'absence de sens, des formes de sens saturées de mort.

Là encore on manque d'une construction d'ensemble, et d'une vision théologique, métaphysique, de tout cela, que la culture chrétienne, mais pas seulement elle, pourrait porter. L'exclusion comme exode à l'intérieur de l'abondance, comme kénose, l'exclusion comme invitation à un retour du spirituel refoulé, comme combat commun en anticipation du royaume. Certaines communautés spirituelles axées sur la prise en charge de l'exclusion ne sont pas loin de cela, que les Compagnons d'Emmaüs de l'abbé Pierre avaient si bien préfiguré. Mais la construction intellectuelle reste à faire, une théologie de la lutte contre l'exclusion reste à construire en lien avec une théologie du royaume, transposition en pays riche de la belle théologie de la libération que l'Amérique latine a su élaborer et mettre en œuvre.

L'exclusion enfin interroge en profondeur l'interaction entre démocratie et spiritualité. La lutte contre l'exclusion implique, à côté de l'action des institutions, la construction et le développement des personnes, celles qui souffrent de leur situation et cherchent à en sortir, mais tout autant celles qui les aident. La démocratie pour bien fonctionner a la même exigence, cela plus que jamais dans une société qui devient sans racines. Mais elle ne le reconnaît pas. S'étant en quelque sorte habituée à elle-même, elle a perdu le contact avec les valeurs transcendantes qui la fondent, ce qui est pour elle lourd de menaces. Les spiritualités dignes de ce nom n'ont d'autre but que de développer l'unicité de chacun. Ces combats sont identiques, mais menés séparément, sans même une conscience commune, tant sont forts les clivages : à la lutte contre l'exclusion, les politiques sociales ; à la démocratie, le règne de l'opinion et des médias ; aux spiritualités le développement personnel ! On passe donc à côté d'une fécondation mutuelle dont les conditions seraient à préciser : mobiliser plus de ressources éthiques dans la lutte contre l'exclusion, vivre autrement la démocratie et du coup favoriser de la part des spiritualités une démarche de service et non de domination.

CHAPITRE 8

Politiques de l'abondance frugale

Un capitalisme civilisé, un plein-emploi reconstitué, une exclusion contenue, le cadre collectif dans lequel chacun va pouvoir inventer sa forme particulière d'abondance frugale peut être précisé. C'est un cadre nouveau qu'il faut inventer progressivement, qui ne se substitue pas à l'ancien, mais le complète, l'enrichit, le transforme profondément. Il suppose plus de liberté et plus de solidarité, qui doivent s'inscrire aussi bien dans le droit que dans les modes de vie.

Une liberté nouvelle, le droit au travail à temps choisi

Il faut rouvrir ce dossier, car le temps est le bien le plus précieux. Le but du progrès est de mieux maîtriser le temps et non d'être maîtrisé par lui. Or c'est bien ce qui se passe : le temps productif nous possède ou nous rejette sans que nous puissions composer avec lui. Nous restons dans une société qui préfère produire deux fois plus d'épingles dans le même temps que la même quantité d'épingles en deux fois moins de temps. Les gains de productivité sont utilisés systématiquement à produire plus, et non à travailler moins, sans possibilité d'arbitrage en fonction des préférences de chacun, préférences évidemment fort variables. Les décisions prises en la matière sont collectives et s'appliquent uniformément à tous en même temps, sans respecter ces préférences, tantôt pour plus de temps, tantôt pour plus de revenu. En sorte que ces arbitrages collectifs sont presque toujours frappés d'une sorte d'aporie, comme on l'a bien vu avec les 35 heures : ou bien on réduit le temps de travail sans réduire les salaires, et l'on risque de pénaliser la production ; ou bien on partage le travail et les revenus simultanément et la plupart ne peuvent ni ne veulent l'accepter. Des possibilités individuelles d'option entre temps de travail et revenu ne se heurtent pas à de tels obstacles.

On en est loin. Que constate-t-on, en effet ? Que le temps de travail subi est important et qu'il prend une double forme. Le temps subi par défaut, par insuffisance, concerne toutes les personnes qui travaillent à temps partiel sans le souhaiter vraiment et qui l'ont accepté faute de mieux, parce qu'il n'y avait rien d'autre ou parce que l'insuffisance des services de garde les oblige à rester près de leurs proches. Elles sont en France environ 1,5 million. Le trop de temps subi par excès, qui concerne les personnes qui se voient imposer de faire des heures supplémentaires sans pouvoir les refuser, qui souhaiteraient travailler moins et gagner moins pour avoir plus de temps (environ 600 000 personnes selon l'enquête emploi), ou encore qui seraient prêtes à le faire si le choix leur était vraiment proposé, comme une vraie option personnelle, sans qu'il en résulte de pénalité pour leur carrière, leur couverture sociale ou tout simplement leur réputation. Cette mauvaise allocation des temps de travail n'est bonne ni pour la planète (c'est une source de surconsommation), ni pour l'équilibre personnel et familial, ni pour l'emploi, ni pour l'équilibre social. Elle est source d'unidimensionnalité de la personne.

Abondance forcée et illusoire par excès de travail d'un côté, appauvrissement de la personne par insuffisance de temps disponible et injustice sociale par sous-emploi de l'autre ! Combien de compétences, d'aspirations restent en jachère, faute de pouvoir disposer du temps nécessaire pour se déployer ! *A contrario*, le caractère fructueux des expériences de temps différent, de temps vraiment choisi, est démontré, sans qu'il faille non plus idéaliser : ces expériences sont parfois difficiles, car elles obligent à une confrontation inhabituelle avec soi-même (c'est en cela aussi qu'elles font peur). Du moins sont-elles une réelle source d'authenticité, d'apprentissage et de connaissance de soi [1].

La société de l'abondance frugale doit réaliser la révolution du temps choisi : admettre la légitimité fondamentale de l'option pour un temps de travail individuel qui s'écarte, temporairement ou non, de la position de base du travail à plein temps, pour, selon les cas, en fonction des besoins ou des aspirations, travailler plus ou travailler moins. Le « devoir de travailler et le droit d'obtenir un emploi » inscrits dans le préambule de la Constitution doivent devenir « un emploi à temps choisi ». Il s'agit là, à proprement parler, d'un droit fondamental de la personne humaine, qui devrait être reconnu comme tel et consacré dans les textes, y compris les textes européens. Le droit au travail, que ce soit désormais le droit au travail à temps choisi ! Que cela devienne un pléonasme ! Le concept d'horaires atypiques doit être absolument proscrit.

C'est un changement culturel important, il ne faut pas s'y tromper. Car cela suppose tout d'abord de faire la chasse au travail à temps partiel subi, auquel on s'est peu à peu

---

1. Je retire ce sentiment d'une expérience d'une année sabbatique (sans traitement) à l'âge de 34 ans, puis d'une période de trois ans et demi de travail à mi-temps (donc à mi-salaire) au ministère des Finances, à l'âge de 42 ans.

habitué et qui est parfois encouragé par l'État lui-même dans le cadre des contrats aidés. Un plan de résorption du travail à temps partiel subi devrait être mis en œuvre par la négociation sociale et on pourrait concevoir que, lorsque cette résorption s'avère impossible ou lorsqu'elle est refusée, la personne en cause reçoive une indemnité de temps de travail subi, à l'image de l'indemnité de précarité qui est versée pour les contrats à durée déterminée. On notera qu'une bonne partie du travail à temps partiel considéré comme choisi ne l'est en fait qu'en raison de l'insuffisance des services de garde pour les enfants et les personnes âgées, en sorte que la diminution du temps de travail subi implique aussi un soutien des collectivités locales.

Quant au travail à temps partiel librement choisi, lors de l'embauche, ou bien, plus généralement, par conversion, soit temporaire, soit définitive, d'un contrat de travail à plein temps, il doit sortir de sa marginalité et être considéré, dans le second cas surtout, comme une position de travail normale n'impliquant aucun jugement de valeur. Un tel jugement pourrait d'ailleurs être qualifié de discriminatoire. Plus positivement, le changement culturel à accomplir serait que chacun considère comme normal de se trouver en position de travail à temps partiel au moins une fois dans sa vie, et cela pour une période suffisamment longue : formation en alternance, période sabbatique, travail à temps partiel hebdomadaire, mensuel ou annuel, retraite progressive, etc.

C'est pour parvenir à ce changement de mentalité qu'il faut affirmer haut et fort un droit pour les salariés qui concrétise de manière claire un ensemble de pratiques empiriques provenant tantôt des employeurs, tantôt des salariés eux-mêmes, tantôt des relations conventionnelles. Le droit du travail prévoit la possibilité pour l'employeur d'organiser le passage du travail à temps plein au travail à temps partiel, et cela de manière réversible, c'est même en principe une condition à remplir pour qu'une convention collective soit étendue, mais de fait ce n'est pas véritablement un droit pour le salarié, tant sont nombreux les obstacles.

On note tout d'abord une certaine réticence des dirigeants à accepter le temps choisi : il peut apparaître comme un désinvestissement, une espace d'autonomie, voire de contre-pouvoir, en particulier dans le cas des cadres. Ceux-ci ont beaucoup de difficulté à réduire temporairement leur temps de travail pour développer d'autres activités, pourtant enrichissantes pour eux et potentiellement pour l'entreprise, car leur carrière risque d'être pénalisée. Leur retour à un travail à temps plein peut aussi s'effectuer dans de mauvaises conditions, avec des responsabilités moins élevées. C'est pourtant cela qu'il faudrait changer pour déculpabiliser le choix du temps libre, celui d'un autre développement. Serait-ce une si mauvaise idée que de poser le principe que tout accès aux responsabilités doit avoir été précédé d'une période où l'on développe d'autres qualités, d'autres relations, d'autres connaissances en sorte que, se connaissant mieux soi-même, on améliorera sa relation à autrui ? Ce type d'attitude devrait être encouragé et valorisé et non pas discriminé. Cela revient en somme à élargir la notion de mobilité, reconnue aujourd'hui, mais réduite à la dimension professionnelle alors qu'elle gagnerait à être envisagée aussi sur le plan intellectuel (activités de recherche par exemple) ou social (activités associatives).

Quant aux problèmes d'organisation, ils sont nombreux et ne doivent pas être sous-estimés. L'expérience l'a montré souvent, par exemple avec le choix massif du mercredi libre dans certains secteurs de la fonction publique, où, il faut le dire, le droit au temps choisi existe concrètement, même s'il est surtout utilisé par les agents de catégorie B. Un jeu de droits et de devoirs doit donc être institué : le droit au temps choisi implique que celui-ci soit organisé par les entreprises et les administrations ; cette organisation doit être négociée au plus près du terrain, car elle ne doit pas désorganiser la production. Le temps choisi individuel s'insère nécessairement dans l'ensemble des temps collectifs, celui de l'entreprise ou de l'administration d'abord, mais aussi celui de la collectivité, de la cité qui elle aussi a ses rythmes. Les marges de jeu ne sont pas illimitées, faut de quoi le temps choisi des uns serait facteur de temps subi chez les autres. Des mécanismes d'arbitrage doivent donc être prévus, ne serait-ce que pour éviter une dérive individualiste toujours possible.

Reste que ceux ou celles qui optent pour le temps choisi réduit ne doivent pas être pénalisés : droits à l'avancement à l'ancienneté et au choix maintenus, possibilité de cotiser pour leur retraite comme s'ils travaillaient à taux plein, et, plus généralement, maintien de leur couverture sociale. En d'autres termes, le temps choisi doit être intégré dans la réflexion sur la sécurisation des parcours, il devrait même en être une composante forte.

Quant à la question des revenus, souvent invoquée comme un obstacle à la réduction du temps de travail, puisque la majorité des salariés préfère une augmentation de salaire à une augmentation de temps libre, elle est évidemment importante, mais il convient de la situer à son juste niveau. Le temps choisi ne prend pas position *a priori* pour une baisse du temps de travail. Son objet principal est de donner des possibilités de choix qui n'existent pas vraiment, c'est-à-dire de travailler plus (et gagner plus), à ceux ou celles qui le souhaitent et de travailler moins (et gagner moins) à ceux ou celles qui le désirent. Ceux qui s'accomplissent parfaitement dans leur travail ne sont soumis à aucune injonction particulière, sous réserve de ne pas imposer à tous leur propre mode de vie. Le pari implicite est que, en présence d'un véritable choix entre un peu moins d'argent et un peu plus de temps, des arbitrages nouveaux se feront, des consommations moins essentielles ou superflues pouvant être réduites pour laisser place à des activités qui s'avéreront plus fécondes. Ce n'est donc qu'indirectement et progressivement que le temps choisi devrait peu à peu mener à une baisse moyenne du temps de travail annuel, en fonction des préférences individuelles et des choix de style de vie qui seront fait ; pas nécessairement d'ailleurs à une baisse sur l'ensemble de la vie (il est concevable, voire souhaitable du point de vue des régimes de retraite, de travailler moins d'heures chaque année pendant plus d'années).

On en vient donc à la critique la plus souvent avancée : seuls les hauts revenus pourront s'offrir le travail à temps partiel choisi, qui n'est rien d'autre qu'un luxe de cadres bien payés. À cela, je réponds : mais pourquoi n'auraient-ils pas droit à ce luxe-là, puisqu'il est plus utile que les autres et que ce n'est précisément pas seulement un « luxe », mais une nécessité vitale ? Et d'ailleurs, que ne le pratiquent-ils pas ce temps choisi réduit, en prélevant sur leur consommation ou leur patrimoine ? Cela diminuerait les écarts de revenus, cela engendrerait une diversification de styles et des modèles de vie en valorisant la sobriété et cela ferait de la place aux autres en diffusant les responsabilités, en « partageant le travail ». Je constate d'ailleurs que le choix du travail à temps partiel choisi, dans la fonction publique notamment, est plutôt le fait des cadres moyens et des femmes.

Ce qui conduit à une autre critique : le temps choisi sera utilisé par les femmes et accroîtra les inégalités entre les sexes. Là encore, regardons d'abord si les femmes, leur entourage, leur famille, leurs enfants seront ou non gagnants ou non. Après tout, qui souffre le plus aujourd'hui le plus de la difficulté de concilier vie professionnelle et vie familiale, sinon les femmes ? Qui paie les pots cassés de ces doubles vies trop occupées, sinon les enfants livrés à eux-mêmes au retour de l'école ? Et pourquoi les hommes ne se mettraient-ils pas au temps partiel si ce choix leur était proposé comme une option normale ? Regardons ce qui se passe depuis que le congé parental est ouvert aux hommes et constatons que les comportements culturels ne sont pas immuables, même si les changements sont lents. On pourrait même retourner l'argument et montrer que le travail à temps partiel partagé serait un bon moyen de pousser peu à peu au partage des travaux domestiques [2].

Ces critiques n'invalident donc pas la notion de temps choisi. Celui-ci mériterait, dans le contexte actuel, d'être regardé attentivement par les partenaires sociaux. Mais elles restent valables pour les titulaires de bas revenus pour qui le travail à temps réduit choisi, avec réduction proportionnelle du salaire, peut s'avérer trop coûteux. Nuançons, là aussi : le temps libre permet également de faire des économies, car un temps trop occupé est coûteux. Et comment vivent donc ceux qui supportent le temps partiel subi, presque toujours des bas revenus ? Il faudrait donc examiner les choses de plus près. Mais la question est réelle. Il est vrai que les formules de baisse collective du temps de travail permettent plus facilement de dissoudre ce problème, par tout un jeu de péréquations implicites. Notons que le temps choisi ne supprime pas les règles de base du temps de travail (la durée hebdomadaire légale) qui peut être modifiée, si les conditions sont remplies : les deux formules d'action sur le temps de travail sont en fait complémentaires. Si l'on reste dans la formule individuelle du temps choisi, la question d'un soutien aux (bas) revenus de ceux ou de celles qui travaillent volontairement à temps partiel est posée. Une première solution existe, c'est celle d'une prime, prime fiscale pour l'emploi, qui a été très largement fusionnée

2. Les situations de chômage aboutissent à une modification de la répartition habituelle des tâches domestiques lorsqu'elles frappent le conjoint tandis que la femme travaille.

avec le revenu de solidarité active : une personne qui travaille au smic à mi-temps par exemple est désormais éligible au « RSA chapeau » qui lui apportera, en sus des 500 euros de son salaire, 150 à 200 euros de plus chaque mois (pour un ou une célibataire) ; si le RSA s'accompagnait, comme l'intention en avait été formulée à l'origine, d'un plan de résorption du travail à temps partiel subi, il serait un mécanisme de promotion du travail à temps partiel choisi. Une autre solution, plus radicale, prônée par certains [3], consisterait à donner à chacun une allocation de base lui permettant ensuite de déterminer le niveau de son temps de travail en fonction de ses besoins et de son salaire. Je ne suis personnellement pas favorable à ce saut anthropologique, considérant en outre que les besoins futurs en termes de redistribution sociale (retraite, dépendance, santé… et emploi) seront tels qu'il serait imprudent de fournir systématiquement des revenus sans aucune condition de travail, de recherche d'emploi ou de handicap. On trouvera en annexe II quelques réflexions complémentaires sur ce sujet et plus généralement sur le temps choisi à propos de l'œuvre d'André Gorz [4].

Une nouvelle sécurité, le droit au réseau ?

Toutefois, il est urgent d'alléger les charges fixes pesant sur les bas revenus. Celles-ci ont considérablement augmenté du fait de la meilleure qualité des logements, de l'individualisation

3. Yannick Vanderborght et Philippe Van Parijs, *L'Allocation universelle*, La Découverte, 2005.
4. Jean-Baptiste de Foucauld, « Gorz et le temps choisi, un débat inachevé », *in* Christophe Fourel (dir.), *André Gorz, un penseur pour le XXIe siècle*, La Découverte, 2009.

de l'habitat, et de la présence désormais quasi obligatoire du téléphone mobile (un par enfant et par adulte), de la télévision et d'Internet. Ces dépenses contraintes représentent une part croissante du budget des ménages et limitent leurs possibilités de choix. Cette austérité subie est mal supportée et contrarie une politique responsable d'abondance frugale. En fait, tous ces biens sont devenus des droits qui sont reconnus comme faisant partie des standards de vie normaux, qui doivent être assurés à chacune et à chacun, quelle que soit sa situation. Si c'est bien cela, on est en présence de bien collectifs qui doivent trouver des modes de financement adéquats. Cela conduit naturellement à revenir sur la notion de service public.

Les grands services publics, mis en place après la guerre, ont été conçus comme les fers de lance de la démocratie économique et sociale. Ils distribuaient des prestations à l'ensemble de la population, sur tout le territoire, à un prix abordable, tout en accordant des avantages sociaux non négligeables aux salariés qui les faisaient fonctionner. Pièces essentielles du compromis social, ils reposaient sur le triptyque monopole-propriété publique-statut spécial du personnel, tandis que leur politique tarifaire avait pour but de maximiser la production, et non les bénéfices (les déficits étant même fréquents), afin de profiter à un maximum d'usagers.

Ce bel édifice qui, en France, régentait de vastes et importants secteurs (énergie, transports par rail et par air, audiovisuel, postes et télécommunications) a été ébréché, puis peu à peu mis en cause. On s'est aperçu que le monopole ne servait pas bien les usagers devenus consommateurs, et que la concurrence leur apportait des produits plus variés et des prix plus bas (dans le transport aérien, les télécommunications et l'audiovisuel notamment). Du coup, la propriété publique des anciennes entreprises nationales est apparue moins nécessaire, et même comme entravant la liberté de manœuvre des opérateurs ; il devenait tentant pour l'État de vendre en Bourse tout ou partie de sa participation : cela permettait de rembourser la dette publique (donc de payer moins d'intérêts) ; et surtout cela exonérait l'État d'avoir à assurer les fins de mois des entreprises en déficit, ces entreprises devant désormais équilibrer leurs comptes pour respecter les règles de la concurrence. Par voie de conséquence, les statuts du personnel sont apparus comme des handicaps à la compétitivité d'entreprises désormais plongées dans le grand bain de la concurrence et essayant de préserver leur part de marché.

Ces changements ont été bien acceptés par les consommateurs, qui ont vite vu tout le parti qu'ils pouvaient en tirer, et, évidemment, par les nouvelles entreprises entrant sur le marché. Les salariés, les syndicats les ont refusés ou acceptés avec de grandes réticences, pour de mauvaises et bonnes raisons : la concurrence est dérangeante, oblige à un contrôle étroit des coûts, empêche tout immobilisme, tentation inévitable de tout monopole quand celui-ci n'est pas porté par une forte mobilisation ou que celle-ci s'est, avec le temps, usée. Mais ces changements, largement imposés par l'Union européenne et conséquence en partie inévitable du marché unique, ont été vécus comme une nouvelle forme d'insécurité sociale et comme une perte importante de repères symboliques, d'autant qu'ils ont coïncidé avec la montée du chômage et de l'exclusion, coïncidence qui n'avait d'ailleurs rien de fatal. C'est en tout cas l'une des raisons de l'écart très regrettable qui s'est créé entre l'Europe et le monde du travail et qui a donné à l'Europe une coloration libérale. L'Union européenne est vue par beaucoup comme la tête de pont du libéralisme international, vision qui a fait passer au second plan, de façon injuste, l'ensemble des politiques communes et la construction progressive de l'Europe sociale.

Ce n'est pas que l'Europe ni les États n'aient été conscients de ce risque. Ils ont, en effet, développé la notion de service d'intérêt général et universel, accessible à tous. Des dispositifs ont été mis en place pour aider les usagers en difficulté à éviter les coupures d'électricité ou de téléphone, des tarifs téléphoniques spéciaux ont été prévus pour les bénéficiaires de minima sociaux et de larges exonérations ont été consenties en matière de redevance audiovisuelle. Ce sont malgré tout des dispositifs compliqués, impliquant des démarches lourdes qui stigmatisent, avec d'importants effets de seuil. On n'est pas loin de voir ici des systèmes d'équité se substituer à l'égalité, ou prendre le pas sur eux. Il est vrai, cependant, que cela est plus dû à la crise sociale, au chômage et à l'exclusion, qu'à la libéralisation *stricto sensu* des services publics : EDF, longtemps en monopole, fait face, lui aussi, à un important problème d'impayés. Quoi qu'il en soit, l'ensemble fait masse, on ne distingue plus les causes, on ne voit plus que les effets, et l'impression, juste ou fausse, prévaut que les services publics ne jouent plus leur rôle d'amortisseur social. D'où peut-être la multiplication des grèves en leur sein, qui expriment autant une angoisse devant l'avenir que des revendications précises, mais brutalisent les usagers et risquent, à force, d'avoir un effet contraire à celui qui est voulu, en provoquant un mouvement de rejet à l'égard des services publics, accentuant la tendance à leur privatisation.

Peut-on sortir de cette situation à la fois insatisfaisante et confuse en élaborant une conception rénovée et moderne du service public, facilement compréhensible et recréant les conditions d'une égalité réelle des usagers ? Une piste pourrait consister à partir de cette notion de droit au réseau qui s'est peu à peu développée, à partir notamment des réflexions des organisations caritatives comme le Secours catholique, plaidant à la fin des années 1980, pour un droit à l'eau et à l'électricité. Nous admettons aujourd'hui que chaque ménage, quelle que soit sa situation sociale, doit être raccordé à un ensemble de réseaux : eau, gaz, électricité, téléphone, radio et télévision, et maintenant Internet. Pour ce faire, chacun paie généralement un abonnement fixe qui couvre les coûts de construction et d'entretien du réseau auquel s'ajoute un tarif qui dépend du volume consommé, l'abonnement et le tarif étant de plus en plus souvent fusionnés dans le cadre d'un forfait. S'il est souhaitable, dans un souci d'optimum économique, que le prix des consommations varie avec les quantités utilisées, est-il normal que le prix de l'abonnement au réseau, une fois celui-ci identifié, soit fonction de son coût et indépendant du revenu de l'abonné ? Si l'on raisonne en termes de droits universels, comme on le fait en matière de santé, il faut que les réseaux soient accessibles à tous les ménages, dans toutes les situations, donc que leur raccordement soit tarifé en fonction de leur revenu et non en fonction du coût objectif de construction et d'entretien du réseau.

Aujourd'hui, chaque ménage paie au moins 500 euros par an pour être simplement raccordé aux réseaux indispensables à la vie moderne (Internet exclu), cela avant toute consommation : l'allocataire du RSA vivant seul, compte tenu des exonérations, y consacrera environ 7 % de ses revenus, le smicard isolé environ 4 %, un ménage moyen d'une personne environ 1,5 %, un ménage disposant du double du revenu moyen 0,75 %, etc. Ne serait-il pas plus logique et plus juste qu'une cotisation de 1,5 % du revenu finance pour chacun son droit à être raccordé au réseau (sous forme de 1,5 point de CSG par exemple, avec un plafonnement pour les hauts revenus) ? Cette règle simple, valable dans toutes les situations, assurant la péréquation des coûts entre les uns et les autres, assurerait l'égalité d'accès au réseau. Elle éviterait les situations de rupture et les effets de seuil et permettrait de supprimer des exonérations qui sont, de fait, une brèche dans le civisme : celui-ci implique une contribution universelle en échange de droits universels. Ce dispositif pourrait d'ailleurs être étendu au droit à un minimum de consommation. Il pourrait concerner aussi une partie de la taxe d'habitation et les cartes forfaitaires de transport urbain, si l'on voulait accentuer l'effet redistributif. Il est vrai qu'il oblige à une répartition complexe de la taxe ainsi levée entre les différents réseaux, mais cela n'enlève rien à son intérêt qui devrait faire l'objet d'un examen approfondi afin de tester si cette intuition est ou non réalisable.

Un cadre social stimulant

Comment les politiques publiques peuvent-elles accompagner les changements de comportements induits par le principe d'abondance frugale ? Il faudrait à vrai dire reprendre une par une toutes les politiques publiques pour les évaluer à cette aune. L'idée de base serait d'orienter la créativité humaine afin d'économiser des coûts inutiles en vue de libérer des capacités axées sur ce qui est essentiel à chacun. On peut en donner quelques exemples.

Plutôt que d'inciter les ménages à consommer toujours plus, mieux vaudrait les aider à réduire celles de leurs charges qui peuvent l'être par un jeu de subventions (ou de crédits d'impôts remboursables) et de prêts : un programme massif d'économies d'énergie dans le logement permettrait ainsi de faire coup double. De même, le développement du microcrédit social devrait permettre d'améliorer le « reste à vivre » en permettant l'achat de biens qui réduisent les coûts ou les peines (machine à laver) ou facilitent l'accès à l'emploi (achat d'un véhicule si les transports en commun manquent, suivi d'une formation).

Peut-être sommes-nous à la veille d'une révolution dans l'usage des biens et services, révolution qui, en découplant l'usage et la propriété, permettrait de mieux valoriser et utiliser nos machines, à moindre coût : l'exemple du Vélib est-il extensible à l'automobile, à certains biens ménagers, à d'autres biens ou services ? Comment organiser cette nouvelle économie économe qui permet des gains de productivité par une intensification de l'utilisation du capital ? Cela vaut la peine pour la collectivité d'investir, au moins de manière expérimentale, sur ce terrain de l'« industrialisation des services [5] ».

Quant aux consommateurs eux-mêmes, ils ont besoin d'être davantage aidés, conseillés par des informations objectives régulièrement communiquées dans les grands médias. Cela non seulement sur les prix comparés, ce qui n'est pas le plus difficile, mais prend du temps et a donc un coût, mais surtout sur la qualité des produits, leur valeur nutritive, leur durabilité, etc. Le fait est qu'ils sont largement livrés à eux-mêmes et donc soumis aux modes, aux pressions publicitaires, etc. La publicité elle-même devrait moins envahir l'espace urbain comme beaucoup le réclament.

De manière générale, l'organisation de la ville doit être repensée en fonction de cette idée d'abondance frugale ou d'économie économe, puisque cela touche nécessairement l'habitat, les transports, les loisirs, la vie associative. Cette dimension territoriale incombe aux collectivités locales, aux municipalités particulièrement, et constitue un terrain propice à des expériences intéressantes de démocratie participative.

5. Sur ce point, voir Michèle Debonneuil, *L'Espoir économique*, *op. cit.*

L'idée générale est que l'économie, au sens large du terme (y compris par conséquent l'économie publique) ne doit pas se contenter d'être économe dans le choix des moyens de produire, mais aussi, et de plus en plus, dans l'usage qui est fait des biens et services.

L'abondance frugale vise aussi à accroître la place de la gratuité, du lien social désintéressé, du don anthropologique, dans la vie sociale. Elle voudrait qu'on passe d'« un souci méfiant de comparaison des grandeurs à une économie gracieuse », terme par lequel Étienne Grieu désigne « la liberté d'êtres singuliers capables d'en appeler d'autres à l'existence, disposés à se livrer à la confiance, mus par le désir de communion[6] ». Le temps (choisi) est la ressource de cette économie, la vie associative sa forme la plus courante. Le soutien des collectivités publiques au bénévolat est donc essentiel. Beaucoup a été fait pour avantager fiscalement les dons en argent aux associations et il n'y a rien à ajouter en ce domaine. Mais la reconnaissance de l'activité bénévole, par un « passeport » ou par la validation des acquis de l'expérience reste insuffisante, tout comme l'aide aux associations comme France Bénévolat, qui s'efforcent d'aider les candidats bénévoles à s'orienter. Surtout, le partenariat entre l'État, les collectivités locales et les associations reste ambigu, en risque permanent d'instrumentalisation réciproque ou de clientélisme. Il ne permet pas de lutter contre l'individualisme et la dispersion qui caractérisent le paysage associatif français, par ailleurs extrêmement dynamique. Une politique associative est nécessaire pour créer cet élan coopératif dont notre société a besoin. Comment faire converger tous ces efforts disséminés (pas de subvention sans coopération) ? Comment faire en sorte que l'action bénévole soit mieux orientée, mieux organisée, mieux

6. Étienne Grieu, *Un lien si fort*, Éditions de l'Atelier, 2009.

reconnue, mieux valorisée (par des validations en termes de retraite) ? Le service civique est-il une solution et comment ? Faut-il le rendre obligatoire comme l'appel du journal *La Vie* de l'automne 2005, signé par de nombreux parlementaires, le préconisait ou en rester, comme le préconise Jean Bastide, à une « ardente obligation », à l'instar du Plan autrefois ? Il ne saurait en tout cas être une contrainte de plus imposée aux jeunes, déjà maltraités par la société. En revanche, une montée en puissance progressive d'un service volontaire débouchant, après un débat démocratique, sur un service universel et intergénérationnel fonctionnant sur une logique de citoyenneté et de bonus/malus plus que sur une contrainte d'obligation serait un beau projet pour redonner du souffle à la société.

L'abondance frugale, combien d'impositions ?

L'abondance frugale et solidaire, double jeu de droits et de devoirs s'entretenant mutuellement, repose sur une redistribution aussi créative que possible du superflu afin que chacun accède à l'essentiel. Une part de cette redistribution est volontaire, donc individuelle ou associative, et peut prendre de multiples formes. Une autre part est collective et obligée et passe par des prélèvements obligatoires qui permettent de financer la protection sociale et un ensemble de politiques publiques. L'abondance frugale, c'est à coup sûr l'acceptation de l'impôt, acceptation et non résignation. L'impôt est l'une des formes que prend le don dans la sociabilité moderne (ou secondaire), caractérisée par la fonctionnalité et l'impersonnalité, contrairement à la sociabilité primaire caractérisée par le primat des relations entre les personnes[7]. Les deux formes de don ne doivent pas être opposées abusivement et ne fonctionnent pas comme des vases communicants ; elles sont plutôt complémentaires, fonctionnent simultanément et d'ailleurs s'alimentent l'une l'autre[8].

L'abondance frugale suppose donc un niveau d'imposition élevé, ne serait-ce que pour assurer une bonne protection sociale, mais sans que ce niveau ne légitime une diminution des dons volontaires. Elle s'oppose donc aux politiques systématiques de baisses d'impôts érigées en système, dont notre pays a abusé, sans d'ailleurs y parvenir vraiment car cela entrait en conflit avec son souci d'un modèle social de haut niveau. Dans les circonstances actuelles, il faudra même vraisemblablement augmenter les prélèvements obligatoires, et cela d'environ 5 points de PIB, ce qui est considérable, si l'on veut ramener le déficit de nos finances publiques de 8 à 3 points de PIB et éviter ainsi le phénomène de boule de neige de la dette qui va ronger nos finances si nous n'y mettons pas bon ordre. À moins de comprimer drastiquement nos dépenses et de réduire le niveau de notre bouclier social.

Quoi qu'il en soit, plus le niveau des impôts et prélèvements est élevé, plus la légitimité de la dépense doit être démocratiquement assurée. Le contrôle parlementaire, amélioré avec la LOLF, celui de la Cour des comptes, celui des diverses inspections suffisent-ils à assurer cette légitimité aux yeux du citoyen ? Il y aurait sûrement lieu d'innover en ces domaines, de mieux associer les citoyens aux évaluations de politiques publiques (en particulier leurs bénéficiaires

---

7. *Cf.* Alain Caillé, *Anthropologie du don*, *op. cit.*, p. 86-87.

8. Les études de Claudine Athias-Donfut pour la Caisse nationale d'assurance-vieillesse ont par exemple montré que l'amélioration de la situation des retraités avait entraîné une augmentation des transferts volontaires des grands-parents et des parents vers leurs enfants.

potentiels, organisés ou non), d'inciter les collectivités locales à mettre en place des « budgets participatifs », qui donnent du choix aux habitants, de faire examiner par des jurys citoyens des dépenses sur le bien-fondé desquelles on s'interroge, bref d'associer plus étroitement le contribuable à la modernisation de l'administration.

Niveau élevé d'imposition ne signifie nullement immobilisme. Au contraire même, il faut s'assurer non seulement que la dépense est justifiée, mais aussi que le mode de prélèvement est optimal et perturbe le moins possible la production et le retour au plein-emploi, et même y contribue. Et cela particulièrement si le niveau global des prélèvements doit augmenter : en ce cas, on a intérêt à ce que l'effet revenu (les agents économiques augmentent leur effort pour maintenir leur train de vie) l'emporte sur l'effet substitution (les agents diminuent leur effort pour payer moins d'impôts, ou encore trop d'impôt tue l'impôt) ; d'où l'importance des modalités selon lesquelles les prélèvements (supplémentaires) sont effectués.

La situation française actuelle est loin d'être optimale. Une véritable réorganisation des prélèvements, une sorte de New Deal fiscal, serait nécessaire : pour agir en faveur de l'emploi, il faudrait poursuivre les allégements de charges sociales des entreprises comme indiqué au chapitre précédent, mais en les rendant conditionnels, et, parallèlement, rendre progressif le taux de l'impôt sur les sociétés afin de taxer davantage les taux de profit excessifs ; il serait alors cohérent de plafonner à 1 % (contre 1,6 %) le taux de l'ISF [9]. En contrepartie, le taux de l'impôt sur le revenu serait relevé et sa progressivité reconstituée, les niches fiscales revisitées et réduites, et l'impôt sur les successions rétabli : il vaut

---

9. Afin d'éviter précisément la course au rendement ou la fuite des contribuables à l'étranger.

mieux taxer les revenus que la production dans une période de fort chômage. La question du taux maximal de l'impôt sur le revenu, l'existence du bouclier fiscal et son niveau devraient faire l'objet d'un débat démocratique, qui ne peut être séparé des mesures prises par ailleurs en ce qui concerne les inégalités primaires de revenus. Ainsi la fiscalité serait-elle rendue plus juste et plus efficace. Sachant que les mesures qui réduisent les inégalités ou les injustices ne sont généralement pas des mesures de fort rendement. On peut le regretter, mais c'est ainsi. Ce sont les mesures de faible ampleur avec une assiette et une population larges qui sont les plus rentables, mais elles affectent les budgets des ménages moyens et pauvres. Or il est peu probable que l'on puisse éviter des hausses de la CSG ou des impôts équivalents dans les prochaines années. Tout le monde aura sa part de frugalité fiscale. Le problème est que cette part soit proportionnelle, voire progressive, selon les possibilités de chacun.

Décroissance ou développement autre ?

Tout en constituant une critique forte vis-à-vis du mode de croissance actuel, la notion d'abondance frugale ne permet pas de répondre à cette question. Elle la laisse ouverte.

Les objecteurs de croissance et théoriciens de la décroissance, ceux qui, comme Pierre Rabhi, visent la « sobriété heureuse [10] » *via* un changement assez radical de modèle

---

10. Pierre Rabhi, *Manifeste pour la Terre et pour l'humanisme*, Actes Sud, 2008.

économique peuvent trouver de l'intérêt dans cette notion. L'abondance frugale, c'est aussi la frugalité heureuse.

Mais on peut aussi se ranger sous la bannière de l'abondance frugale, en accepter le principe, sans être pour autant un adepte de la décroissance globale. Décroissance sélective, décroissance de certaines consommations sûrement, mais pas nécessairement de toutes. L'abondance frugale, c'est d'abord un développement mieux partagé entre les personnes et mieux équilibré entre les différentes capacités ou les différents besoins de ces mêmes personnes. C'est aussi l'appel à une créativité élargie, mais pas un arrêt de la créativité technologique actuelle, qui a sûrement beaucoup à apporter encore à l'humanité à condition d'être disciplinée. Ce sont enfin le temps choisi et l'arbitrage permanent entre plus de temps ou plus de biens. En sorte que l'on ne peut pas dire si, à long terme, cela jouera pour la croissance, la stabilité, ou même une certaine décroissance. Mon hypothèse serait plutôt que le besoin en protection sociale et en biens, tant individuels que collectifs, imposera chez nous, en France et en Europe, une capacité de développement.

Opter pour la décroissance pourrait avoir deux justifications : une justification morale, renouant avec les sagesses traditionnelles, choix individuellement très estimable, mais difficile à envisager collectivement et démocratiquement ; et une justification par une sorte de nécessité de survie de la planète, par un « catastrophisme éclairé », pour reprendre l'expression de Jean-Pierre Dupuy. C'est l'argument principal pour la décroissance, qui rejoint le choix moral. Mais, en l'état actuel de mon information, il me semble qu'il s'agit plus d'un pari, d'un prophétisme, que d'une vérité scientifique prouvée. Il me semble que les connaissances scientifiques actuelles laissent encore penser que l'on peut concilier développement et survie de la planète, à condition de changer de modèle de développement. Mais nul ne peut en être tout à fait sûr. Ce livre, qui n'est pas consacré à l'écologie, ne donne pas de réponse à cette question. À tout le moins peut-on dire que la morale de l'abondance frugale constitue un minimum indispensable, dans les deux hypothèses.

CONCLUSION

Pour un pacte civique de solidarité

Comment mettre en œuvre dans la France d'aujourd'hui ce type de politique ? Elle ne va pas de soi, car elle prend à rebours une classe dirigeante qui, pour conforter son pouvoir et sa réussite, prend appui sur la maximisation des désirs plus qu'elle ne s'intéresse aux moyens de les réorienter dans un sens favorable au développement humain durable en organisant à cet effet l'effort collectif et solidaire.

Cette politique est pourtant nécessaire. S'en abstenir, c'est s'exposer à trois sortes de risques également graves.

Le premier, c'est de différer les efforts collectifs nécessaires et de laisser filer la dette publique, hypothéquant ainsi nos futures marges de manœuvre. Solution tentante : les élections présidentielles approchent ; comment faire campagne efficacement après un plan d'assainissement ou en annonçant un plan de ce type une fois les élections terminées ? Agir juste avant l'élection présidentielle, c'est demander aux candidats de faire preuve d'une vertu à laquelle ce type d'exercice ne prépare guère. Ne rien faire et ne rien dire, c'est soit mentir et trahir l'électeur aussitôt qu'élu, soit reporter encore plus dans le temps les efforts nécessaires.

Il est vrai que l'euro nous protège ; sans lui, les monnaies européennes seraient ballottées dans tous les sens les mesures correctrices deviendraient inévitables et peut-être mieux perçues ; mais, s'il nous donne plus de temps, plus de marges de manœuvre, le bouclier monétaire de l'euro ne nous dispense nullement d'agir, bien au contraire ; s'il nous laisse le choix du moment, il ne nous contraint pas moins à être vertueux, sous peine de mener la zone monétaire tout entière à l'éclatement.

L'idéal serait de disposer d'un plan de rétablissement flexible des finances publiques qui monterait en puissance au fur et à mesure que la croissance repartirait et sans la casser. Ce plan comporterait nécessairement des recettes budgétaires, seul moyen de préserver le modèle social. Mais comment une équipe élue sur un programme systématique de baisses d'impôts pourrait-elle faire marche arrière ? Ce serait le plus courageux, sans doute. Le plus probable est que, pour ne pas se déjuger, elle agira sur des terrains nouveaux pour se procurer les ressources nécessaires, avec la tentation d'une pincée de protectionnisme plus ou moins avoué, afin de mettre à contribution l'extérieur. Nous retomberons alors dans l'ornière française habituelle, qui consiste à baisser les impôts... et à augmenter les prélèvements ! L'illisibilité politique aura monté une marche de plus.

Le deuxième risque, c'est que les efforts à faire, clairement explicités, soient purement et simplement refusés par le pays, qu'ils soient jugés exagérés, insupportables ou mal répartis, ou encore qu'ils se heurtent aux refus systématiques et obstinés des individualismes et des corporatismes additionnés. Notre pays a chroniquement besoin d'une sorte de catharsis collective pour purger son malaise, hybridant ainsi avec un art consommé sa vieille identité révolutionnaire avec son goût prononcé pour l'immobilisme. L'occasion sera trop belle ! Une chose est de mettre à bas une réforme ponctuelle, un contrat de travail mal pensé, ou une réforme éducative mal préparée, une autre est de refuser un grand mouvement collectif nécessaire. Que fait-on après ? On attend et on décline doucement ?

Le troisième risque, pendant du précédent, réside dans la tentation du passage en force autoritaire pour imposer des économies drastiques et une diminution de la protection sociale, qui accroîtrait les inégalités et l'exclusion, mais qui finirait par être acceptée dans un climat de résignation et de dépression, mâtiné de révoltes latentes ou sporadiques, faute d'alternative claire. La crise se solderait ainsi sur le dos des plus faibles.

Ces trois risques sont bien réels : c'est que la tâche est particulièrement lourde, l'équation fort difficile à résoudre, quel que soit le camp au pouvoir. Il faut aussi comprendre cela et ne pas demander au personnel politique plus qu'il ne peut donner. Il n'est plus temps de le critiquer, cela ne sert plus à rien. Il faut plutôt l'aider.

L'aider à faire émerger ce leadership particulier dont notre pays a besoin, un leadership de service et non de captation, qui vise à promouvoir la qualité de notre démocratie plus qu'à profiter habilement de ses déficiences. Un leadership marqué par la capacité à organiser le travail collectif, par une certaine exemplarité de comportement, par le dévouement à l'intérêt général. Passer de la défiance à la confiance, et de la norme imposée d'en haut au projet défini en commun, voilà ce dont nous avons besoin pour redonner sa valeur à la politique par un surcroît de qualité démocratique.

L'aider à faire comprendre que nous avons besoin d'un triple changement : changement de nos comportements individuels pour promouvoir cette abondance frugale qui est le fondement de la nouvelle solidarité, entre les êtres humains et avec la planète ; changement du mode de fonctionnement des diverses organisations où nous déployons nos activités, afin que ce fonctionnement soit facteur de développement humain plutôt que recherche permanente d'autojustification ;

changement des régulations de société afin de hiérarchiser les désirs et de réduire la place de l'avidité et de l'argent au profit d'une sagesse de vie.

L'aider en somme à réaliser cette sorte de réforme intellectuelle et morale dont notre pays a besoin ; tant mieux si un leader s'y propose et y lie son destin ; mais ce n'est en rien garanti, et mieux vaut s'assurer collectivement contre nos mauvais démons.

Aujourd'hui, en France, la société civile, le mouvement associatif, toutes les organisations qui sur le terrain s'efforcent de bâtir un développement humain, qui conjuguent en pratique la résistance aux inégalités, le réalisme gestionnaire et l'utopie d'un monde meilleur, doivent prendre leurs responsabilités, s'exprimer et proposer : proposer aux citoyens, aux diverses organisations (entreprises, administrations, collectivités locales, etc.), aux partis politiques, aux leaders politiques un ensemble d'engagements réciproques et cohérents qui aille dans le sens de la sobriété et de la justice d'une part, de la créativité et du sens d'autre part.

Il faut mettre le pays en face de ses vrais problèmes, qu'il va bien devoir résoudre. Et il faut s'engager ensemble, à différents niveaux, à cet effet. Nicolas Hulot nous a donné la recette : proposer des engagements simples et concrets aux citoyens, interpeller les leaders politiques autour de quelques réformes symboliques avec lesquelles on ne peut pas biaiser et créer ainsi un mouvement irréversible. Ce qu'il a su faire individuellement avec l'écologie, il faut le faire, collectivement cette fois, avec l'économique, le social et le civique. Nous avons besoin d'*un pacte civique pour renouveler le contrat social*. Nous avons besoin d'un nouvel outillage politique pour réorienter notre société désorientée. D'une sorte de planification d'un genre nouveau venant d'en bas et constituant par ce fait même une véritable innovation politique. Non pas évidemment avec la prétention de tout résoudre, mais avec le ferme propos de prendre la bonne inflexion au bon moment.

Ce pacte serait proposé à la signature de tous ceux qui s'engageraient à adopter un certain nombre de comportements personnels autour notamment de la notion de sobriété créative et solidaire, à militer pour un réoutillage institutionnel de nos démocraties et à soutenir des orientations politiques qui remettent l'économie et la culture au service de l'homme et non l'inverse. Élaboré d'ici la fin de 2010 et soumis à la signature en 2011, il serait destiné à rénover le fonctionnement de la société et de la démocratie françaises tout en étant soucieux de l'avenir de l'Europe et de la planète.

ANNEXES

ANNEXE I

Les enseignements à tirer de l'expérience de Solidarités nouvelles face au chômage[1]

L'action menée par SNC pose deux questions :

• D'une part, l'insertion doit-elle être menée essentiellement par des professionnels ? Quelle place pour une action bénévole ?

• D'autre part, si cette entraide bénévole est légitime, comment doit-elle être organisée pour produire de bons résultats ? Les méthodes utilisées, si elles s'avèrent pertinentes, peuvent-elles êtres utilisés dans le travail social ?

Pour répondre à ces questions, une rapide présentation des modes d'action de SNC est nécessaire.

1. Exposé présenté devant l'un des groupes de travail du Grenelle de l'insertion (19 mars 2008). Voir www.snc.asso.fr.

Les caractéristiques de l'action de SNC

À LA DIFFÉRENCE D'AUTRES ASSOCIATIONS ENGAGÉES DANS LE CHAMP DE L'EMPLOI, ELLE EST DOUBLEMENT GÉNÉRALISTE

• Elle regroupe d'abord des citoyens désireux d'aider concrètement des personnes en recherche d'emploi, qui ne sont pas des spécialistes du sujet et le font à titre bénévole. Elles étaient, en décembre 2009, 1 200 réunies dans 104 groupes de solidarité. Il n'existe pas de sélection à l'entrée ; toute personne est bienvenue. En pratique, il y a 52 % d'hommes et 48 % de femmes, 55 % de personnes en activité professionnelle et 45 % de retraité(e)s. Le recrutement se fait sans critères confessionnels ni politiques, et il aboutit à une certaine mixité.

• Elle s'adresse ensuite à toute personne en recherche d'emploi qui désire bénéficier de ses services. Elle s'adresse donc à un public assez diversifié : dans notre dernier bilan, 38 % de cadres, 48 % de personnes de qualification intermédiaire, 16 % sans qualification. 51 % des personnes que nous nous efforçons d'aider sont au chômage depuis moins de 1 an, 24 % depuis plus de deux ans, 59 % ont entre 30 et 50 ans. Nous avons ainsi du chômage une vision diversifiée qui n'en fait que mieux ressortir les caractéristiques communes.

• Ce caractère doublement généraliste est lié au projet lui-même : susciter une citoyenneté active face au chômage, une solidarité concrète avec les demandeurs d'emploi, solidarité établie directement au niveau de la société civile, sans demander d'aide à l'État, grâce à un partage ou un don de temps, d'une part, et de revenu, d'autre part. Les deux à la fois ! Il ne s'agit pas pour autant de se substituer au service public de l'emploi, bien évidemment, mais d'apporter de manière partenariale des ressources supplémentaires à la lutte contre le chômage.

• Cette attitude ne facilite pas les choses, puisqu'il n'y a pas de créneau particulier à exploiter ou à développer, ni d'aide particulière de l'État. Mais cela a aussi ses commodités, ses richesses, ses avantages pour peu que l'on arrive à compenser ces handicaps par des méthodes rigoureuses.

POUR FONCTIONNER, L'ASSOCIATION UTILISE TROIS LEVIERS INDISSOCIABLES

Ces trois leviers sont :

• le groupe de solidarité qui rassemble 8 à 15 bénévoles, 12 en moyenne, sans les bénéficiaires, et se réunit une fois par mois. On en compte un peu plus de 100 aujourd'hui ;

• l'accompagnement bénévole de chaque demandeur d'emploi par un binôme de deux membres de ce groupe, accompagnement qui n'est pas limité dans le temps, tout en pouvant s'interrompre s'il ne convient plus ;

• la création pour les personnes accompagnées et pour lesquelles le marché du travail paraît fermé, « d'emplois de développement » dans des associations, emplois que SNC finance à hauteur du smic grâce aux contributions des bénévoles, et d'un réseau de donateurs, personnes physiques et morales (entreprises), mais sans aide de l'État, à l'exception des contrats aidés. Ces emplois, à plein temps le plus souvent, sont d'une durée de l'ordre de 13,5 mois, temps nécessaire à la reprise de confiance et à la réappropriation de ses compétences.

Ces trois dimensions sont indissociables, et pas si faciles à faire comprendre et à expliquer.

Elles répondent à trois fonctions essentielles.

• Le groupe de solidarité reçoit les demandes d'aide, soit des membres du groupe pour des amis ou connaissances, soit de l'association, soit de partenaires locaux. Il constitue le binôme d'accompagnateurs de manière équilibrée et complémentaire (homme-femme, actif-retraité, âges et professions différentes), en fonction du profil des candidats et de la disponibilité des accompagnateurs. Il écoute chaque mois le rapport du binôme sur l'accompagnement en cours. Il joue vis-à-vis de lui un double rôle : de conseil, d'appui, de suggestion, d'idées ; et aussi de régulation pour parer aux risques de déséquilibre de la relation d'aide (ni trop permissive ni trop prescriptive) et pour aider à trouver le ton juste. Il décide, s'il y a lieu, de mettre en place un emploi de développement. Il aide à le fabriquer en donnant des pistes.

• L'accompagnement en binôme crée un espace de libre discussion, d'écoute, d'entraide, sans enjeu stratégique immédiat, sans jugement, où l'on recherche posément des solutions en prenant son temps, où la souffrance peut-être écoutée et donc partagée, où le chômage de l'autre devient une cause commune. Où les choses s'inversent : là où le chômage délie, c'est la lutte contre le chômage qui relie. Il y a une dimension autoformatrice de la méthode. De plus, nous proposons des formations d'un jour ou deux, le samedi, avec plusieurs modules. Près de 300 accompagnateurs les ont suivies en 2009.

• L'emploi de développement, moins connu, est essentiel, car il permet de passer de la parole à l'action, de l'abstrait au concret, d'exprimer une solidarité monétaire vis-à-vis des demandeurs d'emploi, et surtout de pallier le déséquilibre du marché du travail, qui est la cause majeure du problème. On fait ainsi émerger des emplois, qui rendent des services et fournissent un revenu et un statut à des personnes : c'est ce que nous appelons le « triangle de la solidarité ».

Cela aboutit actuellement à 2 100 accompagnements en cours. Leur durée moyenne est de l'ordre de treize mois. Plus d'une centaine d'emplois de développement ont été financés en 2009 pour des personnes accompagnées, mais celles-ci sont en moyenne au chômage depuis plus de trois ans et demi et souffrent souvent de discriminations dues à l'âge ou l'origine.

Tout cela fonctionne de manière très décentralisée avec, simultanément, un niveau élevé de coordination (une réunion de bureau toutes les semaines, un secrétariat national fortement impliqué avec une équipe de cinq salariés, un site, une lettre mensuelle, des formations, un séminaire bisannuel, etc.).

Quelles leçons tirer de cette expérience pour mieux réussir les parcours d'insertion ?

Nous avons retrouvé beaucoup de choses connues du travail social ou de l'insertion par l'activité économique, mais peut-être avec quelques apports particuliers.

LEÇONS GÉNÉRALES

- On peut forger assez vite des compétences d'accompagnement à condition que les méthodes et l'organisation soient autoformatrices et que des parcours d'acquisition de compétences soient mis en place.
- Dans l'accompagnement, la qualité des personnes compte beaucoup ; mais, en même temps, nul n'est parfait et

le ton juste est une recherche permanente dans la relation d'aide.

• La notion d'efficacité, de résultat doit être examinée avec réalisme et prudence :

➢ Ce qui est vrai à un instant donné ne l'est plus à l'instant suivant. Les situations changent vite. Les difficultés sont souvent récurrentes.

➢ Notre bilan est le suivant : 60 % de situations favorables lorsque l'accompagnement se termine, avec 50 % de personnes en emploi (mais la moitié encore en CDD). C'est honorable. Mais il y a aussi 20 % de personnes qui arrêtent et ne laissent pas de nouvelles.

➢ Ce qu'on ne voit pas ou ne mesure pas est aussi important que ce qu'on voit et mesure : arrêter la chute, retisser le lien social, prévenir l'exclusion, est aussi important que de sortir d'une difficulté identifiée. Il y a aussi la souffrance qui peut se dire et, en s'objectivant, s'apaiser. La confiance revenue en la société. Tout ce qui n'est pas mécanique. L'insertion ne peut se réduire à une mécanique bien huilée, ce n'est qu'un rêve technocratique dangereux.

➢ Le coût du changement des dispositifs publics est très élevé : il faudrait ne les modifier, au maximum, qu'une fois par législature, pas plus.

• L'individualisation du parcours doit s'attacher à créer un lien social et du sens. C'est dans un lien social signifiant et valorisé que les parcours d'insertion doivent eux-mêmes s'insérer. Il faut travailler sur le lien social et le sens, tant des personnes aidées que de celles qui aident, créer du capital social, et du capital éthique, pour réussir l'insertion.

• Cela passe aussi par la possibilité pour les personnes aidées de s'exprimer collectivement, d'avoir leur espace propre, ce que nous avons organisé au sein d'un groupe *ad hoc*[2]. D'où notre partenariat avec le Mouvement national des chômeurs et précaires (MNCP) pour que la question sociale soit portée par ceux qu'elle concerne et pas seulement par des tiers, aussi sympathiques soient-ils. D'où l'intérêt que nous portons à l'organisation des groupes du Grenelle avec le collège « usagers », innovation qu'il ne faudra pas abandonner. Réfléchir au « chèque syndical et associatif[3] », l'expérimenter devrait, dans cette perspective, constituer l'une des conclusions du Grenelle.

LEÇONS PARTICULIÈRES

L'accompagnement

• Éviter la limitation dans le temps : l'urgence est mauvaise conseillère ; on met du temps à trouver sa voie. Il faut savoir perdre du temps pour en gagner. Desserrer les contraintes d'efficacité qui, parfois, ont déjà créé l'échec est une condition pour repartir. D'où cinq propositions : 1) de meilleures liaisons entre professionnels (qui n'ont pas le temps) et bénévoles (qui peuvent en dégager) ; 2) les normes de durée de l'accompagnement, sans doute inévitables, doivent être édictées en moyenne, pour l'ensemble des personnes, et pas individu par individu (abandon de la règle des deux ans + six mois des entreprises d'insertion) ; 3) organiser des parcours longs type contrats emploi consolidé ou emplois jeunes ; 4) faire confiance aux opérateurs ; 5) évaluer *a posteriori*.

---

2. Ce groupe organise des réunions, des activités, dispose d'un journal interne et anime un forum sur le site de l'association.

3. Voir « Une citoyenneté pour les chômeurs », *in Droit social*, juillet-août 1992.

• Difficulté de séparer l'accompagnement social et l'accompagnement professionnel, qui sont très liés en fait, car la personne est une.

• Intérêt formidable du binôme ; le double regard plutôt qu'un évite le face-à-face, toujours délicat, et donne du jeu aux trois ; il rassure, conforte, soulage, permet de desserrer la contrainte temporelle : comment l'organiser sur le plan administratif ? Pourquoi pas un référent principal et des référents spécialisés, qui vont changer pendant le parcours, mais vont nouer des liens étroits entre eux ?

• Importance du groupe, du collectif, de l'échange de pratiques, de l'évaluation en commun. À organiser plus systématiquement. Les accompagnateurs eux-mêmes ont besoin d'être accompagnés.

L'emploi de développement

C'est probablement l'un des seuls moyens qui permettent à une personne très éloignée de l'emploi d'y revenir. Ce n'est pas facile, les accompagnateurs résistent au début ; ils ne savent pas comment faire, ils se trouvent tout d'un coup eux-mêmes en position de recherche d'emploi, certes pour autrui, mais en recherche quand même, plus responsables, mais aussi plus inquiets.

Mais c'est essentiel, car c'est concret, utile et cela permet de poursuivre l'accompagnement sur des bases nouvelles, plus fermes.

Cela conduit aussi à prendre contact avec des associations pour leur proposer de leur financer un emploi et de leur fournir la personne, ce qui les amène à réfléchir à leur développement, à s'intéresser à l'insertion, à y prendre goût, à se forger une capacité éventuelle à gérer des contrats de travail, aidés ou non. C'est pourquoi nous pensons que le contrat unique d'insertion doit absolument rester ouvert à toutes les associations.

Ne pourrait-on pas transposer notre méthode au travail social, c'est-à-dire faire émerger les emplois aidés non pas sur injonction préfectorale préélectorale, non pas sur les seuls besoins des associations, mais, comme nous le faisons, à partir des besoins des personnes ? On cheminerait ainsi peu à peu, peut-être, vers un droit à l'emploi opposable, qui serait le parallèle logique du droit au logement opposable.

Peut-on développer davantage de « comportements de solidarité active » de ce type pour lutter contre l'exclusion ?

Plusieurs problèmes se posent.

LE CHÔMAGE N'EST PAS UNE CAUSE NOBLE

Ce n'est pas une cause très attractive, ce peut même être l'inverse : le chômage fait peur, le contact avec l'autre au chômage est plutôt évité par celui dont ce n'est pas le métier de s'en occuper. Après tout, il ne s'agit que de ramener les personnes dans la situation très ordinaire du travail, qui n'est pas si plaisante que cela. La création d'entreprise, où l'on aide un projet autant qu'une personne, l'action humanitaire à l'étranger sont, de ce point de vue, plus valorisantes. La mobilisation sociale face à cette catastrophe sociale qu'est le chômage se fait moins bien que face à un accident ou un cataclysme, où elle est plus mécanique.

LA LUTTE CONTRE LE CHÔMAGE IMPLIQUE SOUVENT UN ENGAGEMENT DANS LA DURÉE

C'est d'autant plus vrai que le marché du travail est déséquilibré, et que la personne, pour une raison ou une autre, est fragilisée et peu à même de satisfaire aux normes requises. Ce type d'engagement long est précisément celui qui tend à s'estomper au profit d'engagements plus ponctuels, plus « à la carte ». De ce point de vue, la méthode du binôme et du groupe de solidarité est assez appropriée : elle permet des relais, en cas de difficulté personnelle, ou l'ajout de renforts. De même, on peut participer à un groupe de solidarité sans accompagner. L'engagement gradué et réversible est sans doute une condition pour un engagement durable et il n'est pas si difficile que cela à organiser. Nous considérons qu'avec 2 heures par semaine, en moyenne, on peut s'adonner à l'accompagnement SNC. Ce n'est pas rien, mais ce n'est pas non plus héroïque !

MALGRÉ CELA, LA DIFFUSION DE LA MÉTHODE EST LENTE ET DIFFICILE

Ce n'est pas facile d'intéresser les citoyens ou les militants potentiels à ce type d'action. Le dispositif ne s'étend pas rapidement de lui-même, de proche en proche, alors qu'il pourrait avoir une fonction pédagogique intéressante. En particulier, il n'est pas évident de trouver des animateurs de groupe dans les zones où nous ne sommes pas implantés. Souvent, les bonnes volontés bénévoles éventuellement disponibles ont déjà trouvé leur engagement légitime.

DU COUP LA QUESTION DE L'OBLIGATION DE LUTTER CONTRE L'EXCLUSION DOIT ÊTRE POSÉE

Peut-on aujourd'hui se contenter de n'appeler à la responsabilité sociale et d'action que des professionnels de l'insertion ? Ne faut-il pas franchir une nouvelle étape passer, de l'invitation à l'obligation ? Deux chantiers devraient être ouverts dans cette perspective :

• D'une part, celui d'une obligation pour les entreprises et les administrations d'avoir dans leurs effectifs des personnes embauchées alors qu'elles étaient en situation de chômage de longue durée et éligibles aux structures de l'insertion par l'activité économique. À défaut, les entreprises paieraient une taxe qui serait affectée au financement des contrats aidés. Le malus des uns permettrait de financer le bonus des autres. Une régulation se mettrait en place permettant à la société de s'assurer elle-même contre le risque d'exclusion qu'elle génère : si les comportements de responsabilité sociale se généralisaient, il y aurait moins besoin de contrats aidés ; dans le cas inverse, ces contrats bénéficieraient d'un financement stable et assuré, contrairement à la situation actuelle. De nouveaux mécanismes de solidarité seraient institués permettant d'attaquer à la racine les discriminations diverses qui affectent les demandeurs d'emploi. Parallèlement, les professionnels de l'insertion par l'activité économique auraient un plus grand nombre de points de sortie dans le secteur marchand et dans le secteur public pour les bénéficiaires de leurs actions.

• D'autre part, celui d'une obligation pour les citoyens de donner, au cours de leur existence, une fraction de leur temps à la collectivité dans le cadre d'un service civique. De nombreuses personnalités se sont prononcées pour un service civique obligatoire. Il ne faut pas que ce dossier soit refermé sans débat. Bien sûr, il pose beaucoup de problèmes. Mais il aurait aussi beaucoup d'avantages si on parvenait à l'organiser de manière créative et stimulante. Le projet mériterait, au fond, d'avoir, lui aussi, son « Grenelle ».

ANNEXE II

Gorz et le temps choisi, un débat inachevé [1]

En 1980, dans ses *Adieux au prolétariat*, André Gorz rompait avec la vision eschatologique du marxisme selon laquelle la classe ouvrière, en se réappropriant le travail, se libérait dans et par le travail. Le travail hétéronome et donc dépendant devenant incontournable, il plaidait pour une société dualiste ouvrant des espaces d'autonomie et assurant progressivement la libération non plus « par » le travail, mais « du » travail lui-même, celui-ci devenant œuvre, activité, épanouissement de soi et des relations aux autres, dans une société à la fois égalitaire et plurielle. C'est le sillon qu'il n'a cessé de creuser dans les livres qui ont suivi.

La même année, avec Échange et Projets, nous achevions la publication de *La Révolution du temps choisi* [2], livre préfacé par le président du club, Jacques Delors. Nous plaidions – et continuons de plaider – pour le droit absolu des salariés à maîtriser leur temps de travail et à arbitrer entre temps de travail et niveau de revenu, dans une perspective de vie individuelle et collective différente, plus équilibrée, plus

---

1. Est ici reproduit, avec l'aimable autorisation de l'éditeur, un chapitre du livre dirigé par Christophe Fourel, *André Groz, un penseur pour le XXI*e *siècle, op. cit.*

2. Échange et Projets, *La Révolution du temps choisi*, *op. cit.*

créative, plus solidaire. L'ouvrage eut du mal à percer, face à la chape de plomb des 35 heures qui emprisonnait déjà la gauche. Mais il intéressa André Gorz qui a bien voulu s'y référer à plusieurs reprises, notamment dans l'ouvrage qui, en 1988, prend la suite des *Adieux au prolétariat* : *Métamorphoses du travail. Quête du sens*.

Dans une note de bas de page, il y voit « l'un des très rares ouvrages à avoir montré la rupture avec le modèle de développement capitaliste qu'impliquerait le droit à autodéterminer la durée du travail[3] ». Il y revient dans la troisième partie, « Orientations et propositions[4] », approuve le souci des auteurs de réduire le travail au rang de moyen, d'inventer un art de vivre, et de susciter des formes renouvelées de créativité sociale réduisant la place des valeurs d'efficacité et de rentabilité liées au travail. Citant le passage de notre livre sur les « activités humaines engendrées par le temps libre » contribuant au réenchantement du monde et à des dynamiques sociales ouvrant la voie aux belles notions d'activité et d'œuvre, il voit une convergence avec le programme du SPD (parti social-démocrate allemand) de 1986 qui met l'accent sur le développement d'une culture « centrée sur des activités autodéterminées qui empêche l'exploitation des gens », permettant de « développer chez les individus des capacités et des penchants que le travail rémunéré fait dépérir ou pour le moins ne sollicite pas ».

Cependant, si la convergence sur l'objectif antiproductiviste est réelle, il n'y a pas vraiment accord sur les moyens. Sans exclure, loin de là, une réduction générale de la durée du travail, Échange et Projets développait principalement une vision libertaire et individualiste d'un nouveau droit personnel à mettre en place, faisant une (trop ?) large

3. *Métamorphoses du travail*, Galilée, 1988, p. 147.
4. *Ibid.*, p. 223-224.

confiance au jeu des préférences individuelles et à l'émergence d'une plus grande rationalité en termes d'équilibre de vie et de consommation élargie. André Gorz, lui, adopte d'emblée, prioritairement, frontalement même, une approche collective. Il a une réponse « de principe » : « La réduction programmée, par paliers, sans perte de revenus réels, de la durée du travail, en conjonction avec un ensemble de politiques d'accompagnement qui permettent à ce temps libéré de devenir pour tous celui du libre épanouissement [5]. »

Un second désaccord apparaît : là où les auteurs de *La Révolution du temps choisi* lient étroitement partage du travail et partage des revenus, tant dans l'approche individuelle que dans l'approche collective, Gorz l'exclut, en tout cas pour le processus collectif, qui est pour lui le plus important.

Ce double désaccord se fit sentir fortement lors du débat passionnant qu'Arte organisa en 1994 dans la maison « très ancienne, fraîche en été, chaude en hiver », où il s'était retiré avec Dorine [6]. Son discours s'était radicalisé, en ce sens qu'il cheminait déjà vers une allocation universelle inconditionnelle, un droit au revenu indépendant du travail, ou un droit général à l'intermittence, thème auquel il se ralliera clairement en 1997 dans *Misères du présent, richesse du possible*. Dans ce livre, il explique que le tournant du postfordisme a été manqué. Les germes d'autonomie qu'il contenait, qui n'ont pu être expérimentés que trop rarement (dans les usines Volvo, par exemple), n'ont pas été saisis. Bien au contraire, c'est une régression que l'on observe, car la domination du capital prend désormais la forme perverse d'un « conditionnement qui conduit le sujet à accepter ou choisir cela précisément qu'on entend lui imposer ». Mais, d'une

5. *Ibid.*, p. 223.
6. *Lettre à D.*, Galilée, 2006, p. 73. J'ai encore en mémoire le soutien aussi silencieux que puissant que sa présence lui apportait pendant l'entretien.

certaine façon, peu importe, car « la société du travail est morte[7] » et « il n'y a pas et il n'y aura plus jamais assez de travail pour tous[8] ». Car « le salariat doit disparaître et le capitalisme avec lui ».

Dès lors, le but, c'est la société de multiactivité où « tous attendent de tous qu'ils cumulent une pluralité d'activités et de modes d'appartenance[9] », où le but n'est pas « de sélectionner, d'éliminer, de hiérarchiser, mais d'encourager chaque membre à se renouveler et à se surpasser perpétuellement dans la coopération compétitive avec les autres[10] ». Une société où le travail a perdu sa centralité, où l'activité que l'on exerce importe plus que l'emploi que l'on a eu ou que l'on n'a pas. En un mot, une société au sein de laquelle « chacun puisse faire au travail sa place au lieu que la vie ait à se contenter de la place que lui laissent les contraintes de travail[11] ».

C'est une rupture, une société autre. Car un revenu suffisant est garanti à tous. Gorz abandonne le principe d'un revenu garanti lié à l'exercice d'un certain volume de travail tout au long de la vie. Refusant les formules de *workfare*, il se rallie au droit de vivre sans travailler et opte donc pour une forte inconditionnalité, afin de laisser libre cours à ce qu'il appelle les « activités vivantes », où l'homme est pleinement lui-même. Celles-ci, à terme, ont atteint un tel niveau que la question du revenu minimum ne se pose plus en termes de redistribution fiscale qui le rendent peu soluble ou crédible. Il se fonde en effet sur les échanges non monétaires, sur l'autoproduction et sur les services collectifs.

7. *Misères du présent, richesse du possible*, Galilée, 1997, p. 98.
8. *Ibid.*, p. 97.
9. *Ibid.*, p. 131.
10. *Ibid.*, p. 131.
11. *Ibid.*, p. 224.

Les auteurs de *La Révolution du temps choisi*, tout en gardant eux aussi intact, à leur manière, le droit à l'utopie, n'ont pas évolué dans la direction hyperpolitique de Gorz. Constatant l'échec du temps choisi, soucieux, comme lui d'ailleurs, de formes nouvelles de solidarité incluant les chômeurs, ils se sont lancés dans l'expérience citoyenne de Solidarités nouvelles face au chômage (SNC), expérience fondée sur le partage de temps et de revenu entre non-chômeurs et chômeurs, afin d'accompagner ceux-ci vers l'emploi et, si besoin, de créer des emplois à leur intention grâce aux contributions monétaires des participants [12].

Au fond, c'est le même problème, mais pris sous un autre angle, de manière plus exigeante : le temps choisi permet à des personnes de s'extraire du travail productif rémunéré pour développer des activités libres, en abandonnant une partie de leur revenu, ce qui, parallèlement, redistribue l'emploi au profit des chômeurs. Dans le cadre de SNC, des personnes organisées et coopérant entre elles ne réduisent plus leur temps de travail, mais utilisent leur temps libre pour aider des chercheurs d'emploi et partagent une partie de leur revenu, le cas échéant, pour subventionner des associations et créer des emplois pour ces personnes si elles en ont besoin. Dans les deux cas, il s'agit de partager le temps et le revenu, bien que sous des modalités différentes. Dans les deux cas, l'État n'intervient pas. L'initiative vient tantôt des individus isolés (temps choisi), tantôt de personnes regroupées dans une organisation de société civile (SNC).

Nous nous situons ici, et c'est la grande différence avec Gorz, dans une perspective non dualiste : il y a continuum entre la société du travail et la société des activités libres et il n'y a pas besoin de l'intervention de l'État. L'approche de

---

12. Voir le site www.snc.asso.fr.

Gorz est plus dualiste, plus étatique, sans doute potentiellement plus efficace... à condition de pouvoir être menée à bien.

Où en sommes-nous aujourd'hui ? C'est être, sans aucun doute, fidèle à l'œuvre d'André Gorz que d'évaluer de manière critique ce qui s'est passé, afin d'en tirer des leçons utiles pour l'avenir, dans une période de grands bouleversements. Car, au fond, ni la voie « gorzienne » ni la voie du temps choisi n'ont été empruntées par notre pays [13]. Les 35 heures ont été décrétées sans partage des revenus, puis réalisées de fait, comme on pouvait s'y attendre, avec des techniques de partage des revenus, l'État étant fortement mis à contribution. Cela n'a que partiellement fonctionné, et encore, à un coût élevé. Quelles leçons en tirer ? Que faut-il faire aujourd'hui ? Comment utiliser de manière féconde l'énorme travail de réflexion de Gorz ?

Les trois legs incontournables d'André Gorz

L'autolimitation et la maîtrise du désir. Gorz se bat inlassablement contre le superflu, l'alimentation permanente des désirs par le système productif et veut revenir aux besoins fondamentaux. C'est particulièrement net dans *Capitalisme, socialisme, écologie*. On y lit notamment : « Si nous pouvions ajuster notre temps de travail aux besoins que nous ressentons réellement, combien d'heures travaillerions-nous [14] ? » Et plus loin : « La politique du temps est le

13. Contrairement à certains pays d'Europe du Nord qui ont pratiqué massivement le travail à temps partiel choisi.

14. *Capitalisme, socialisme, écologie*, Galilée, 1991, p. 170.

meilleur levier pour obtenir en même temps la réduction, écologiquement nécessaire, de la consommation de marchandises et la plus grande autonomie possible pour chacun et chacune dans la conduite de sa propre vie [15]. »

Cette question de l'autolimitation est devenue d'autant plus nécessaire que l'écart entre les désirs, stimulés de toute part, et les moyens, qui s'accroissent moins vite qu'avant, est devenu béant. Les possibilités d'augmenter plus rapidement la production sont limitées dans l'économie tertiaire, confrontée au ralentissement de la productivité globale du travail, au vieillissement démographique, à la concurrence des pays neufs et aux tâches de réparation écologique. Il va falloir ramener les désirs à l'essentiel, de manière démocratique et aussi consensuelle que possible. Avec 2 % de surplus à distribuer chaque année, les marges de manœuvre sont faibles. Il va falloir changer de style de vie pour préserver notre niveau de vie. Nous n'y sommes pas prêts, pour n'avoir pas écouté les voix prophétiques comme celle de Gorz.

La maîtrise par chacun de son temps de travail rémunéré. Elle constitue l'un des moyens de parvenir à cette sagesse collective. Le temps choisi est une ressource citoyenne de contre-pouvoir, qui permet à chacun de travailler moins (et de gagner moins) ou de travailler plus (et de gagner plus) en fonction de ses besoins, de ceux de ses proches, de son style de vie. C'est aussi un moyen de mettre en mouvement les « activités vivantes ». L'échec des 35 heures, ou ce qui est ressenti comme tel, ne doit pas entraîner la clôture du dossier du droit à la maîtrise du temps. Il doit être rouvert, sur des bases nouvelles, car il est plus fondamental que jamais. Le temps est un bien économique qui doit pouvoir être maîtrisé par chacun. La possibilité de dégager du temps libre pour faire autre chose que travailler est aussi un moyen

---

15. *Ibid.*, p. 171.

de produire des satisfactions, à un moment où les satisfactions provenant de l'activité productive sont difficiles à augmenter. C'est un moyen de reconvertir les désirs, de les orienter vers l'essentiel aux dépens du superflu.

L'objectif de modérer les désirs, d'ouvrir la voie du temps choisi, de *favoriser la sobriété, pose avec encore plus d'acuité la question de la justice et de la redistribution.* La forte croissance des années 1960 solutionnait indirectement la question de la justice. Chacun pouvait espérer, peu à peu, obtenir ces biens nouveaux offerts par le développement. Dans un contexte de développement sobre et modéré, on ne peut plus compter sur cette fuite en avant. La question sociale, à laquelle Gorz n'a cessé de s'atteler, devient plus compliquée. Elle doit être traitée en profondeur.

La redistribution, sous ses différentes formes, est aussi importante que la production, qu'il ne s'agit pas non plus de négliger. L'une et l'autre sont d'ailleurs intimement liées. La sobriété, pour être acceptée, ne peut être que créative et solidaire. Créative parce qu'elle ne s'oppose pas au développement tout en ayant pour objet de l'orienter différemment en faisant appel à l'imagination, à la recherche, à la « coopération compétitive ». Solidaire, parce que la réduction du superflu chez les uns est de plus en plus la condition pour que chacun soit en mesure d'accéder à ce qui est jugé socialement essentiel à un moment donné.

Que revisiter chez Gorz ?

Le débat porte sur les moyens d'aboutir aux résultats visés, largement tributaires des présupposés idéologiques, économiques et sociologiques de l'auteur.

Le marxisme tout d'abord : s'il fournit une clé de lecture importante, bien que partielle, de toute société, sa contribution à la solution des problèmes qu'il révèle n'est pas claire. Or il faut se demander si Gorz ne reste pas prisonnier, plus qu'il ne le croit lui-même, de la dialectique hégéliano-marxiste, qui résorbe le conflit dans l'unité. Certes, il bloque cette dialectique puisqu'il considère le conflit comme indépassable ; mais, ce faisant, il le fige et le bétonne : il y a, d'un côté, le monde de l'hétéronomie, qui est une fatalité, et, de l'autre côté, le monde de l'autonomie, qui est celui de la liberté. Il faut prélever sur l'un pour alimenter l'autre : le revenu d'existence assure le transfert.

Gorz abandonne, à juste titre, le monisme marxiste. Mais il tombe dans l'excès inverse d'un dualisme abrupt et sans porosité. Il s'appuie sur un dualisme de séparation, non sur un dualisme de complémentarité, qui laisserait ouverte la possibilité d'une unité n'abolissant pas les termes antagonistes. Or le choix n'est pas entre le conflit sans solution, ou une solution qui abolit le conflit, mais dans la gestion démocratique permanente de l'antagonisme. Revenons à Héraclite : « Tout arrive par discorde et par nécessité » ! Entre le monde de l'hétéronomie et celui de l'autonomie, les liens sont inévitables. Mieux vaut s'efforcer de les tisser que de les nier ou d'y voir une domination inévitable du premier sur le second.

L'analyse économique ensuite, d'ailleurs assez (trop ?) dépendante de l'idéologie. Pour Gorz, il n'y aura plus jamais assez de travail pour tout le monde et les gains de productivité permettent de libérer du temps. Ce n'est pas si simple. Le rythme de progression de la productivité a été divisé par deux ou trois par rapport aux années 1960. Le financement des retraites et de l'État providence implique une base productive étendue, ce qui rend très aléatoire la possibilité d'assurer à chacun, de la naissance à la mort, un revenu d'existence inconditionnel. L'idée que le nombre d'heures travaillées diminue et que l'emploi se contracte inéluctablement est inexacte, même si la part du travail dans la vie diminue en raison de l'augmentation de l'espérance de vie.

Il n'y a donc aucune raison de se résigner au chômage ou au travail intermittent. Il faut au contraire s'organiser pour revenir au plein-emploi, à un plein-emploi de qualité à temps choisi, pour des activités qui aient du sens, avec une protection sociale correcte, dans un environnement protégé, en multipliant, diversifiant, qualifiant et sécurisant les parcours professionnels : c'est dans un tel contexte que les activités dites « autonomes » le seront vraiment, car choisies, non dépendantes, non assistées. Cela implique de solides disciplines collectives qui ne peuvent être éludées. Les formules du type revenu d'existence inconditionnel, qui peuvent flatter les mauvais penchants de l'individualisme autarcique et autoréférencé ambiant, risquent d'en détourner.

L'analyse sociologique enfin. Gorz sous-estime le rôle identitaire du travail hétéronome, quels que soient ses défauts. Si les femmes ont massivement cherché à accéder au travail hétéronome, alors que, après tout, le modèle traditionnel de femme au foyer leur donne d'assez grandes possibilités d'activités qui n'ont pas besoin d'être rémunérées, c'est bien parce que ces activités sont dépendantes du revenu du conjoint et parce qu'elles veulent être vraiment autonomes, c'est-à-dire exister socialement par elles-mêmes. Cette autonomie passe précisément par l'intégration dans la division du travail hétéronome.

Il y a donc bien complémentarité entre les deux mondes. Et d'ailleurs, comment nier que les compétences acquises dans le travail hétéronome alimentent ensuite le développement des activités autonomes ? Et réciproquement. La capacité à se rendre utile à autrui en s'intégrant dans la division du travail est, elle aussi, un mode de formation de la personne et du développement de la société. L'objectif est que cette capacité ne monopolise ni le champ personnel ni le champ social, contrairement à la situation actuelle. Dans cette perspective, il importe plus de rééquilibrer et de faire coopérer les deux mondes du travail hétéronome et de l'activité autonome que de les séparer et les cloisonner.

Comment poursuivre ?

D'abord, *retrouver le sens de l'utopie*. C'est ce à quoi Gorz nous invite en permanence. Mais il faut tenir compte de l'expérience historique et répudier la forme globale, frontale de l'utopie, caractérisée par un avant et un après. La culture de l'utopie a sa place, mais comme tension, processus, visée, ensemble de pratiques. Elle repose non sur la contrainte, mais sur l'éducation, la force de conviction, l'exemplarité, la valorisation des valeurs. Elle doit être régulée démocratiquement. Elle doit se concilier avec les cultures complémentaires, mais différentes, de résistance et de régulation, ce qui ne va pas de soi. Elle est plus locale, ou plus transversale que globale [16].

Ensuite *remettre sur le métier le dossier du temps choisi, entendu comme droit fondamental* devant s'imposer à la société économique. Il faut aller au-delà de l'optimisme du livre de 1980 et mieux mesurer les obstacles à franchir : le conditionnement des esprits, les problèmes d'organisation, le risque de précarité ou de pénalité de carrière, les besoins criants de pouvoir d'achat. C'est un changement complet

16. Jean-Baptiste de Foucauld, *Les 3 Cultures du développement humain*, *op. cit.*

d'état d'esprit à provoquer, un changement culturel, un élément essentiel de la démocratie économique, une révolution démocratique destinée à rendre moins imparfaite la démocratie et plus humain le capitalisme.

Telle est bien la fin recherchée, qui ne doit pas disparaître sous le moyen. Car c'est une des difficultés rencontrées par la promotion du temps choisi : le temps choisi se présente simultanément comme une fin (libérer la personne du poids excessif du travail) et comme un moyen (offrir des possibilités de choix au sein du système). Les moyens, si l'on n'y prend pas garde, ne sont pas à la hauteur des fins. Ceux qui s'intéressent aux fins, ce qui était le cas de Gorz, se méfient des moyens. Ceux qui ne regardent que le moyen, assimilé au droit au travail à temps partiel, ont tendance à négliger la fin. La crise financière, économique et écologique actuelle peut fournir un appui pour réconcilier ces deux dimensions. Elle y appelle d'ailleurs.

Car il faut écarter la tentation d'une vision molle du temps choisi. Cela suppose que le temps choisi devienne une revendication syndicale à part entière et qu'il soit intégré dans la réflexion et la négociation sur la sécurisation des parcours professionnels. Il faut en effet *sécuriser le travail à temps partiel choisi*, c'est-à-dire assurer le droit au retour à temps plein et éviter toute pénalisation en termes de carrière ou de retraite, et même le valoriser en tant que tel. Il faut en outre le distinguer plus nettement du travail à temps partiel subi, lui-même largement encouragé par l'État dans le cadre des contrats aidés.

Que l'État commence donc par montrer l'exemple ! Que le système statistique public distingue mieux le travail à temps partiel vraiment choisi, d'une part, du temps partiel choisi faute de mieux (le temps « choisi-subi », par exemple parce que les questions de garde d'enfants ne sont pas réglées) et, d'autre part, du temps partiel subi *stricto sensu* (qui est minoritaire, 35 à 40 %, contrairement à l'image que l'on en a). Enfin, il reste la question de l'aide au revenu des travailleurs à temps partiel : faut-il accorder une aide structurelle aux salariés faiblement rémunérés ? Ou une aide d'attente en attendant le retour à temps plein ? La gestion du revenu de solidarité active (RSA) ne pourra éluder ce sujet.

Cette question n'est pas sans lien avec celle du *développement des services de proximité*, des services à la personne, auxquels Gorz a consacré de nombreuses réflexions. Ces services doivent-ils être rendus dans un cadre convivial libre, grâce précisément au temps choisi libéré ? Par un nouveau service public bien professionnalisé, à organiser ? Ou par des activités décentralisées, rémunérées, initiées tant par le secteur marchand que par le secteur associatif ? Peut-on concilier les trois formules, les mettre en concurrence ? Faut-il choisir l'une de ces formules, ou deux d'entre elles ? Il y aurait lieu d'en débattre davantage afin de disposer, là aussi, de marges de choix.

Enfin, *la société de sobriété créative et solidaire*, qui peut constituer une réponse aux crises actuelles, dans la ligne de ce que souhaitait profondément Gorz, *implique sûrement une nouvelle étape de redistribution sociale*. C'est la condition de son acceptation. La sobriété n'est ni l'injustice ni l'austérité imposée aux plus pauvres. Elle repose nécessairement sur la justice, thème qui hante la réflexion de Gorz. Mais le revenu d'existence est-il la solution, ou, précisément, le piège dans lequel il ne faut pas tomber ?

La prime pour l'emploi, le revenu de solidarité active sont des tentatives pour répondre à la demande latente de redistribution. Mais dont on mesure les risques : on devrait pouvoir vivre des fruits de son travail sans avoir besoin du supplément de la prime pour l'emploi, et le RSA risque de favoriser une extension du travail à temps partiel subi (d'ailleurs, la promotion du temps choisi pourrait constituer un moyen de préserver le RSA de ses dérives potentielles). Avant de sauter à pieds joints dans l'inconnu du revenu d'existence, il conviendrait d'explorer d'autres pistes, qui, de manière surprenante, ne semblent pas retenir l'attention.

Il faudrait notamment se poser la question de l'accès de **tous** aux biens jugés nécessaires à la vie moderne. De fait, nous considérons que chacun, quel que soit son revenu, doit pouvoir accéder aux réseaux qui caractérisent la vie moderne : l'eau, le gaz, l'électricité, le téléphone, la télévision, Internet. Mais nous n'en avons pas tiré les conséquences en termes de financement. Ne faudrait-il pas que l'accès – non pas nécessairement la consommation – à ces réseaux soit financé, non par un tarif, le même pour tous, mais par un prélèvement sur le revenu, variant donc avec celui-ci en hausse comme en baisse, comme c'est le cas en matière de santé ? Il y aurait là une étape importante dans la qualité générale de notre redistribution sociale. Bien des problèmes de vie courante seraient évités pour beaucoup [17].

Quelques réflexions finales

La pensée de Gorz est extrême, radicale, excessive souvent. Mais elle a un grand mérite : elle vous oblige à chercher en quoi, précisément, elle est excessive. Plus on est conduit à nuancer sa réponse aux questions qu'il pose, moins on peut échapper à ces mêmes questions, même si on le voudrait, pour sa tranquillité ! Gorz est un éveilleur, un empêcheur de penser en rond.

Finalement, Gorz est-il marxiste ou non ? Où se situe-t-il ? Où veut-il nous mener ? Vers quelle philosophie, quelle

17. *Cf.* ci-dessus, p. 161 et suivantes.

idéologie ? Est-il libertaire, ou marxiste ? Il ne s'est en réalité jamais détaché du marxisme, qui imprègne profondément sa pensée, qui se veut critique et systématique. Gorz ne s'est jamais noyé dans le relativisme démocratique et a toujours entendu y résister tout en restant démocrate. Il cherche une vérité enfouie sous l'immanence, vérité qu'il faut exhumer et qui doit conduire à une société juste. Il n'en démord pas. L'intérêt de sa position, sa difficulté aussi, est qu'il se situe dans cet entre-deux si peu exploré du cheminement marxiste, le passage de la méthode de conquête du pouvoir, et de sa pratique, à la société idéale.

Gorz reste marxiste en ce sens que, pour lui, l'être humain est aliéné, incapable de se libérer lui-même, au moins à l'échelle collective, sans une sorte de résistance spirituelle de masse. Le progrès des forces productives, l'accentuation du conflit central de classes lui offrent les possibilités de sa libération individuelle et collective. Sauf qu'il n'y a plus ni prolétariat, ni classe sociale suffisamment organisée, ni même conflit central apparent. Et pourtant, il y a un passage possible vers la société des sujets, qui remplace en quelque sorte le communisme réalisé. La force motrice qui remplace le prolétariat, c'est l'autonomie, entendue à la fois comme autarcie vis-à-vis du système et comme coopération libre entre ceux qui se sont extraits du système. C'est le Marx de la révolution réalisée que Gorz retrouve ici, formulé autrement.

Comment passe-t-on de l'un à l'autre ? Chez Marx, c'est l'enchaînement lutte des classes-dictature du prolétariat-appropriation collective des moyens de production-planification qui opère. Mais Gorz, précisément, conteste brutalement, férocement, l'essentiel de cette mécanique, au non de sa dangerosité démocratique, de son inexactitude sociologique, et de son irréalisme politique. Il garde pourtant l'objectif intact et se situe bien dans le même cadre de pensée. Il explore diverses solutions : le dualisme d'abord en 1980, la prise de pouvoir de la société civile ensuite (les chroniques de Michel Bosquet), le revenu d'existence enfin, dans ses derniers livres.

C'est en définitive par l'État que l'individu va se libérer de son état aliéné. Cette évolution intellectuelle était quasiment inéluctable, induite par son système de pensée. Le revenu d'existence inconditionnel est sans doute aujourd'hui la revendication la plus cohérente et la plus logique d'un marxisme conséquent. Voilà le message de Gorz. Message trop séduisant pour que l'on ne mesure pas ses risques anthropologiques et ses limites économiques. Mais le fait est qu'il y a chez Gorz, comme chez Marx, une sorte d'acte de foi dans les possibilités illimitées de l'immanence, qui pose question.

Car, en face du désir légitime d'utopie, se dresse la muraille de la parabole du bon grain et de l'ivraie : le mal, sous ses multiples aspects, y compris la méchanceté humaine, est consubstantiel à l'immanence. Il peut être contenu, régulé, il ne peut pas être éradiqué. Cela n'interdit pas l'utopie, mais la cantonne à des espaces limités et sacrificiels, et la renvoie à un au-delà quant à sa réalisation totale. « Le Royaume n'est pas de ce monde », dit l'Évangile, tout en précisant aussi qu'il est proche (ce que les conservateurs ont tendance à oublier). Gorz, comme Marx, croit à la Terre promise. Il fait d'ailleurs commencer *Misères du présent, richesse du possible* par un vigoureux et significatif : « Il faut oser l'Exode » (avec majuscule). Difficile de se passer du religieux quand on cherche la réalisation du principe Espérance !

Quelle est la spiritualité de Gorz ? Dans une réflexion fondamentale, comme celle de Gorz, il y a toujours une métaphysique, implicite ou pas : impossible d'y échapper. La question n'est pas sans importance, si l'on croit que la promesse démocratique ne peut pas advenir sans une forme adéquate de spiritualité [18], si l'on admet que nous ne répondrons pas aux défis de ce temps sans mobiliser cette intériorité de masse inconsciente d'elle-même que la modernité a engendrée, si nous ne redonnons pas à la gauche cette spiritualité particulière, ce sens des valeurs vécues qu'elle a peu à peu perdu en France.

Gorz ne sous-estime pas l'importance de la question religieuse. Il voit bien que le prolétariat chez Marx a pris la forme de l'Esprit chez Hegel, que « la philosophie du prolétariat est religieuse [19] » et que « le prolétariat conserve toujours le mystère de sa transcendance [20] ». Il constate, dans *Adieux au prolétariat*, que « l'unité postulée des nécessités matérielles et des exigences éthiques correspond en fait à un seul type de communauté : la communauté monacale et ses diverses variantes [21] ». Mais il rejette celle-ci pour se résigner au dualisme des activités hétéronomes ou autonomes, car il voit dans ces communautés glissement symbolique plus que suppression des contraintes et sublimation soumise à un devoir d'amour envers une entité trop vague ou une personne trop déterminée plus que fraternelle coopération.

Sa position est matérialiste. Il s'agit d'un matérialisme moral, fondé sur la réalisation de soi, pas d'un matérialisme utilitariste fondé sur la satisfaction de soi. Un matérialisme à la fois libre et vertueux, qui fait confiance à l'individu une fois libéré de la servitude laborieuse, comme chez Marx. Un matérialisme fondé sur l'irréductibilité du sujet, « irréductibilité à ce que les autres et la société nous demandent et nous permettent d'être ». Sur une transcendance du sujet en

18. Sur ce point, voir www.democratie-spiritualite.org.
19. *Adieux au prolétariat*, Galilée, 1980, p. 23.
20. *Ibid.*, p. 24.
21. *Ibid.*, p. 154.

somme, dont il faudrait savoir si elle relève de Sartre ou de Levinas.

Sa vie, modeste, généreuse, conforme à ses idées, fait de lui un militant exemplaire, et met souvent en valeur l'exemplarité des autres. Sa *Lettre à D.* est une sorte de cantique où il cherche à réparer l'injustice qu'il craint d'avoir commise, longtemps auparavant, à l'égard de son épouse, en publiant *Le Traître* (en 1958). Est-il exagéré de voir chez lui un mystique de la relation amoureuse, vraisemblablement exceptionnelle, qu'il a vécue ? Ne rêve-t-il pas en définitive d'une société qui serait (presque) parfaite, à l'image de sa relation avec D. ? Ne faut-il pas trouver là l'arcane des liaisons souterraines qui assurent l'unité de sa pensée et de son action, son désir de révolution et son sens du réel ?

Il y a en Gorz une aspiration permanente à l'absolu, qui fonde sa critique et sa radicalité. Et, parallèlement, une douceur, une grâce, perceptible dans son œuvre, et que l'on sentait dans la relation. Peut-être, en définitive, que soutenu par l'éros, il a pu envisager sérieusement la politique comme agapè.

Table des matières

DU MÊME AUTEUR

La Fin du social-colbertisme, Belfond, 1988

Une société en quête de sens (avec Denis Piveteau), Odile Jacob, 1995

Les 3 Cultures du développement humain, Odile Jacob, 2002

Le Chômage. À qui la faute ? (avec N. Bavarez, A Minc et A. Houziaux), Éditions de l'Atelier, 2005.

Être sage, est-ce bien sage ? (avec O. Abel et B. Étienne), Éditions de l'Atelier, 2008

Composition : Facompo, Lisieux

CET OUVRAGE
A ÉTÉ ACHEVÉ D'IMPRIMER
SUR ROTO-PAGE
PAR L'IMPRIMERIE FLOCH À MAYENNE
EN AVRIL 2010

N° d'impression : 76381.
N° d'édition : 7381-2447-X.
Dépôt légal : avril 2010.
Imprimé en France